U0903222

中国美丽乡村

生态影像调查

INVESTIGATION OF ECOLOGICAL IMAGES IN BEAUTIFUL COUNTRYSIDE, CHINA

第①辑

FIRST SERIES

沈治国 王新妹 编著

EDITOR SHEN ZHI-GUO WANG XIN-MEI

中国水利水电出版社

www.waterpub.com.cn

序言

田野调查／与摄影教育的范本

THE TEMPLATE OF FIELD INVESTIGATION AND PHOTOGRAPHY EDUCATION

林路
Lin Lu
中国知名摄影理论家和艺术策展人
China's Famous Photographers and Art Planners

从一个全景与俯视角度，我们看到了浙江桐乡的东田村，一个位于洲泉镇东郊的典型水乡。随着镜头的深入与文字的描述，我们从一个乡村的故事中感受到了一个时代的进步。

更重要的是，通过田野调查对文化历史生态深入的梳理，我们读出了摄影教育未来的希望。

按人类学专家的说法，田野调查是民族学、人类学最重要甚至可以说是最根本的研究方法之一，是学习人类学的基本训练方法。它是建立在一定的理论预设与方法的基础上，对被观察对象进行系统、深入的考察，以求获得第一手的资料，从而研究和理解当地人的行为及其意义，并探讨其社会结构。

因此，田野工作的首要思想，在于清晰而明确地勾画出一个社会的构造，并从纠缠不清的事物中，把所有文化现象的法则和规律梳理出来。同时，田野调查的要旨，在于理解本地人的观点、思维方式、与生活的关系以及看待世界的方式。

大学所进行的田野调查的作用和意义，就在于可以帮助人们正确观察和认识社会；通过了解他者，可以反观自身，从而了解自己所处的时代和社会。尤其是摄影艺术，从一诞生便成了田野调查的辅助工具。比如当年费孝通先生对江村进行调查，就是带着照相机去的。但是当时瑶民看到照相机会害羞而躲避，因此，他常常放下照相机，改用水彩画的方式记录当地的风俗。后来，著名摄影家张祖道先生随同费孝通先生去瑶山拍摄了颇具历史价值的『江村系列』，也就是后来产生很大影响的《江村纪事》影像专题。

可见影像在田野调查中的作用不断增强，并且越来越成为田野调查中不可或缺的重要组成部分，甚至独立成为田野调查的核心。今天，浙江农林大学围绕《中国美丽乡村生态影像调查》所展开的叙事文本与图像，就是一个成功的范本！

关键的问题是，人类学的田野调查，并不纯粹是收集资料，而是训练人类学家视野与能力的过程，因此，它具有认识论上的意义。

所以，也就有了旁观者和介入者之间的探索与讨论。也就是说，在田野调查的过程中，既要求用当地人的逻辑来展现事实，但是一方面在观察当地人生活时，又要融入人类学的他者的视角。如何恰如其分的展现？如何把握一个度？真的很难！

从这本由浙江农林大学实践者提供的图像和文本中，可以看到东田村的创业史，看到东田村的生态环境，看到东田村绿色产业的当下与未来。更重要的是，我们得以深入了解到东田村的杰出人物，以及下一代年轻人的成长空间，还有对这些现实的价值判断和对未来的展望。历史和当下的无缝衔接，影像与文字的同步呼应，从生活方式的参与，进而到民族意识、文化、心理的参与，在一定高度上和一般意义上的『采风』拉开了距离。正是浙江农林大学以更为全面的文化参与，加上后期的考辨、整理、研究，所以本书具有完整的学者式的学术价值。

当然，本书这些影像和文字的力量，已经从一般的纪实摄影，上升到了以民间事象为对象的文献摄影的高度。本书影像所提供的景观，其实可以被看作是一个价值观念的象征系统，而由被摄对象所展示的社会，就是构建在这个价值观念之上。

从这层意义上说，摄影作品就是解读阐述人的价值观念的文本——通过这些画面和文字，我们看到了什么？我们看到了浙江农林大学师生们深藏在摄影镜头后面的文化准备——所有民俗学、人类学、历史学、民族学、文化学的知识准备，不可能一蹴而就，也就弥足珍贵。

甚至我们还可以从那些时而激情四溢、时而理智冷静地对客观景物和社会人物所摄取的画面中，感受到摄影人在不经意间所展现出的自然生态与文化冲突的现状，给人以更多反思的可能——作为旁观者和介入者的出入自如，恐怕正是本书成功的重要原因之一。

也许，我们还是回到关于田野调查的一些理论层面上。比如，在田野调查的观念层面上，往往需要有『理论预设』和『问题意识』。专家认为：任何田野调查都不会是纯实践和观察层面的，不同理论对于田野工作的定位、意义乃至收集资料的方向与内容等，都会有所不同。所以，理论预设是前提，为什么选这个村、这个镇、这个地区，甚至是一个民族或国家，都是建立在一定的理论假设之上的。

结论也许是：浙江农林大学摄影系的这一次尝试，已经昭示了在这个伟大的寻梦、圆梦时代，要做一个清醒的介入者，而非冷酷的旁观者。作为以影像为手段进行田野调查的基点，本书尽管在视觉表现多样性上，还显得有点稚嫩，也已经令人欣喜不已了。因为一个重要的事实是，师生们是在对传统的风景摄影课程进行了一次改革的基础上，把镜头从拍摄身边的日出日落、自然风光等题材上，转移到了用镜头关注社会题材，关注乡村主题等影像田野调查的全新摄影教育尝试，其价值是不言而喻的——愿他们的实践能走得更远！

目录

第一章

回望村里创业史

LOOKING BACK AT THE HISTORY OF ENTREPRENEURSHIP IN THE VILLAGE

Chapter 1

RIEF INTRODUCTION OF DONG TIAN VILLAGE | OVERLOOKING DONG TIAN VILLAGE

东田村简介——（鸟瞰东田）

◉ 浙江桐乡东田村　　采录时间：二零一七年四月八日

东田村位于洲泉镇东郊，是典型的水乡，总面积2.5平方公里，有16个村民小组，共550户，2218人。2006年经济收入7.5亿元，人均收入10381元，村集体经济可支配收入270万元。东田村是『足佳皮鞋』的发祥地，是现代桐乡制鞋业的源头，经济基础雄厚。近年来，以皮鞋为特色的主导产业发展迅猛，产值在全村总产值的85%以上，实现了制鞋企业、鞋业园区和鞋业市场三位一体的产业化经验，成为闻名遐迩的鞋业特色村。

东田鞋业开拓者沈玉兴——（脚踏实地行远路 仰望星空谋发展）

THE PIONEER OF SHOE INDUSTRY IN DONG TIAN VILLAGE IS SHEN YUXING | SOLID GOING TO THE DISTANCE AND LOOKING UP AT THE STARS FOR DEVELOPMENT

◉浙江桐乡东田村

采录时间：二零一七年四月八日

那是一个激情奔涌却又荆棘满路的年代，同时又是一个只要你付出艰辛就能收获成功的年代。沈玉兴以『踏平坎坷成大道』的胆识和魄力，让鞋业致富东田村以后，如何让东田村鞋业加速度发展起来，又是一个亟待解决的带有方向性和全局性的大问题。

正当东田鞋业在岔路口徘徊的关键时刻，沈玉兴以企业家『仰望星空』般的思维，为东田鞋业发展确立了方向。

1979年进入皮鞋厂担任会计的沈玉兴，在村民们正因鞋跟厂和皮鞋厂的兴办而过上小康生活陶醉时，他敏锐地觉察到，在市场经济大潮中，如果你只满足于现状而不思进取，不去主动补短板，不去占领制高点，你就将被市场所淘汰。

他看到，进入八十年代，人们审美观念发生了变化，市场对于皮鞋的颜色有了更多的需求，有喜欢红色的，有喜欢褐色的，有喜欢奶白色的，可是东田村只产黑色皮鞋。为什么不能根据市场需求去生产适销对路的皮鞋，以取得更好的效益呢？因为当时能买到的只有黑色皮革。于是，沈玉兴毅然向党支部提出创办制革厂的想法，制革厂的创办，让东田村走出了只能做黑色皮鞋的困局，也进一步掌握了市场主动权。而当市场对于高跟鞋有更多需求时，沈玉兴又主导东田村增办了鞋楦厂。

正是沈玉兴的高屋建瓴和前瞻性，让东田村的皮鞋产业在刚起步时就形成了体系，跟上了时代，适应了市场。但沈玉兴意识到，这种随着市场指挥棒转的做法太被动，于是沈玉兴开始思考，为什么不能由我们来驾驭市场呢？一段时间里，经济学里『托拉斯』『现代企业』这两个词便一直在沈玉兴脑海里盘旋。

1981年，沈玉兴向乡政府打报告，雄心勃勃地要把全乡皮革企业统统合并，组建一个『托拉斯』性质的青石皮革公司，并递交了一个方案。沈玉兴在报告中尖锐地指出，乡镇企业不能再走『技术靠退休、供销靠朋友，信息靠小道』这种『鸟类型工厂』的路了，必须树立『现代企业』的观念，必须要用『现代企业』的理念和『现代企业』的运作方式让乡镇企业脱胎换骨。不然无法面对竞争。

经沈玉兴苦口婆心的游说，乡领导和皮革企业认识到了当时这种产业不配套、相互不协作、各自为政的运作方式不具备抗风险能力，随时都有被挤垮的可能。终于，组建『托拉斯』公司的建议得到了乡党委的支持，1982年1月，青石皮革公司正式成立，沈玉兴出任总经理。

公司成立后，打破了原有生产队的界限，全乡10个村都建立了制鞋企业，形成了从设计、制革、制跟、制楦、制鞋、测试、包装到销售的配套齐全的生产体系，大做『一条龙』文章，产生了『托拉斯』的规模和效应，这在全国乡镇企业同行中还是第一家。

左图：东田鞋业开拓者沈玉兴

原浙江省省长沈祖伦视察东田村

东田鞋业开拓者沈玉兴

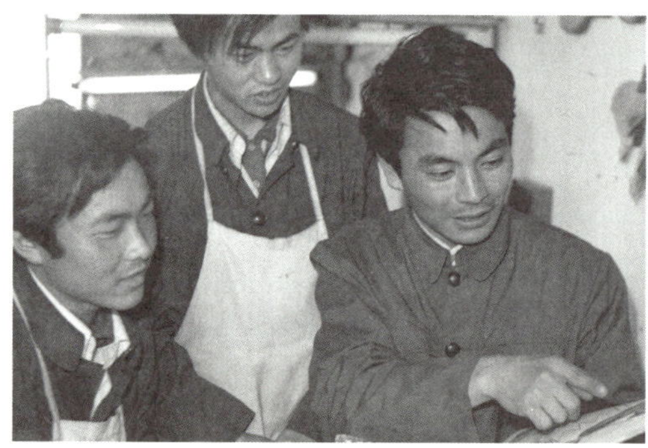

创业阶段沈玉兴（右一）深入车间抓质量

东田鞋业开拓者沈玉兴——（脚踏实地行远路　仰望星空谋发展）

THE PIONEER OF SHOE INDUSTRY IN DONG TIAN VILLAGE IS SHEN YUXING | SOLID GOING TO THE DISTANCE AND LOOKING UP AT THE STARS FOR DEVELOPMENT

◉浙江桐乡东田村　采录时间：二零一七年四月八日

因为有了『托拉斯』，仅用了三四年时间，桐乡青石皮革公司便发展成为浙江省规模最大的专业制鞋集团。

虽然沈玉兴后来转行房地产，其公司也成为全国房地产业五十强，今天每当回忆起那段峥嵘岁月，连他自己都觉得『胆子真大』。因为1981年时，浙江省皮鞋库存量相当于1982年9个月产量，而1982年又继续处在产大于销的状态，当时逆市而上的风险确实有点大。但沈玉兴又很兴奋，因为在当市场处在产大于销的局面时，正是靠了组建『托拉斯』的自强措施，才让刚起步的东田鞋业免遭灭顶之灾，反倒在鞋业市场上拥有了更大的话语权。

『弄潮儿向涛头立，手把红旗旗不湿。』这首宋词所赞颂的弄潮儿，正是今天沈玉兴这位商海奇才的形象写照，东田人每每议及沈玉兴的传奇人生，敬佩之情油然而生。

『有志者事竟成，百二秦关终属楚；苦心人天不负，三千越甲可吞吴。』这副古联同样可以对应在四十年前东田村创业核心人物身上，他们是『苦心人』，但他们更是『有志者』。

回顾40年的创业史，东田人是这么评价当年东田创业核心人物：陈永泉从无到有，打下了东田鞋业的根基；郑鹏璐牵线搭桥，让东田成为鞋业市场的成员；沈玉兴用全新思维让东田鞋业，实现了由乡镇企业变身现代企业的跨越式发展。

现在，年青一代已经接棒东田村的事业，但创业时代那难忘的岁月和故事，一直被村民所传颂着。我们相信：『江山代有才人出，各领风骚数百年。』展望未来，一定是『长风破浪会有时，直挂云帆济沧海』！

THE GUIDE FOR ENTREPRENEURSHIP IS ZHENG PENGLU | WHEN THE TIME COMES, THERE ARE GOOD FRIENDS TO HELP AND THERE ARE FRIENDS AT TURNING CORNERS

创业引路人郑鹏璐

——（关键时刻知音牵线 转弯道口朋友引路）

◉浙江桐乡东田村　　采录时间：二零一七年四月九日

郑鹏璐是陈永泉的知音。陈永泉遇上郑鹏璐，好比钟子期遇见俞伯牙。陈永泉一心想着要办厂，带领东田村百姓摆脱贫困，可是陈永泉明显经验不足，办什么厂，怎么办，是陈永泉面临的大难题。这时，陈永泉联系到了多年的好朋友、时任上海胶鞋一厂技术科长、工程师郑鹏璐，郑鹏璐分析市场趋势后，给陈永泉一个点子：办皮鞋厂！郑鹏璐和东田村制鞋工业的缘分从此结下。点子出来了，可当时东田村一无所有，陈永泉叹苦经：『拆皮鞋还行，做皮鞋怎么做?』郑鹏璐一拍大腿：『我帮你去叫师傅。』回到上海，郑鹏璐跑了好些地方，终于找到了5位师傅，这才让东田村皮鞋业有了可靠的技术保障，东田村的皮鞋业才走上了正轨。

东田村鞋业刚起步时知识匮乏，学技术、求经验势在必行。看着东田皮鞋厂像只刚孕育出壳的雏鸡苗，郑鹏璐再次伸出了援手。当时江苏吴江皮鞋厂技术力量很强，郑鹏璐通过关系联系这家皮鞋厂，请求接收东田村16个职工去学习技术，一开始郑鹏璐的请求没有被接受，因为谁都想自己的企业在市场上一家独大，怎么肯给自己增添竞争对手呢？遭拒的郑鹏璐无奈之下动用了他的权力：要是不让东田村人去学习，上海胶鞋一厂将停止对他们供应鞋底。动用强硬态度，才让吴江厂同意东田皮鞋厂职工去学习技术。得到培训的16名职工，后来成了东田皮鞋厂的技术奠基人，打实了东田村皮鞋业的根基。

东田村皮鞋厂创业历尽艰辛，郑鹏璐一直是东田皮鞋产业的陪跑人，他以睿智的眼光帮助穷困的东田村找到了正确的发展方向。郑鹏璐可谓东田村走进新时代的牵线人，我们不能忘了这位『上海爷叔』。

左图：创业引路人郑鹏璐

老支书陈永泉——（支书就是老伯乐　启用才俊打天下）

THE OLD REGIMENT SECRETARY IS CHEN YONG QUAN | THE OLD REGIMENT SECRETARY IS A GOOD PERSON AND WORKING WITH MANYCAPABLE PEOPLE.

◉浙江桐乡东田村　采录时间：二零一七年四月九日

1979年，改革开放春风吹到了桐乡市东田村。十一届三中全会后，国家倡导农业机械化。当时东田村和全国大多数农村一样，村民也仅仅能填饱肚子，发展农业机械化，缺少设备资金，而不能实现机械化，农民要想富起来也是句空话。

『当时农民穷啊，到底怎样才能让农民富起来呢？』时任东田村党支部书记的陈永泉，思来想去，决定办厂。『没有其他更好的选择了，不办厂，农民是富不起来的。』

办厂的想法是有了，可是办厂路却不好走。这个想法刚提出来就遭到了前任党支部书记赵正坤和民兵连长蔡宝根的强烈反对。『东田村的钱，你不能动，你再办厂肯定又亏，我们村不能被你搞光了。』赵正坤的话，给满腔热情想做实事的陈永泉浇了一大盆冷水。可老书记的话并非没有道理，当时东田村一没原料，二没资金，三没设备、技术，再加上陈永泉之前办过一个草帽厂，最终以亏本告终，本来心里就没底的陈永泉，听了赵正坤的话，像是一下掉进了冰窟窿里。

可是不开辟一条路，怎么带东田村老百姓走出穷困死胡同呢？陈永泉咬咬牙，还是要办厂。『村里钱不让用，那我就自掏腰包办厂。』当时陈永泉一个月工资只有30多元，他凭营业执照从大队公积金里贷了3000元作为启动资金。没有厂房，村里旧礼堂当作厂房；没有技术，就从上海请来『星期天师傅』；没有经验，就带上干粮去江苏吴江皮鞋厂接受培训。当时东田村主要的交通就是河道，那些『星期天师傅』就是用船走30里水路到桐乡城里去接来的。

刚解决了人才、技术的困难，其他难题又一个个冒出来了，比如木根厂的原料，外聘师傅的薪酬等等，但都被抱定决心前行的陈永泉一一解决。

『有志者事竟成，苦心人天不负』，不到一年，东田村终于造出了第一批皮鞋，而这批皮鞋刚上市便卖光。这说明，当初陈永泉走办厂这条路是对的。

『我们的皮鞋在市场上都不够卖的，皮鞋厂工人要想买双鞋也得通过抓阄才能轮得上。』今年已70多岁的陈永泉回忆起当时的盛况，依然语气激昂。

1979年春，东田村在坝桥头筹建皮鞋厂，商标用的是上海皮鞋老字号『足佳』。当年利润3773元，1980年利润上升至26万，1981年利润增加到60万元。收益年年攀高，这对创业者是莫大的鼓舞。

『咬定青山不放松，立根原在破岩中』，陈永泉带领东田村民勇敢兴办皮鞋厂的征程，是他最冒险，也是他最成功的一个尝试，正是陈永泉的『冒险』，才为东田村的未来打下了坚实的基础。

原东田村党支部书记陈永泉

现任村书记费金伦

THE CURRENT VILLAGE SECRETARY IS FEIJINLUN | MANAGING THE DONG TIAN VILLAGE IN TRANSITION AND GO AHEAD AND GO FORWARD

现任村书记费金伦——（转型时期掌舵东田 登高望远继续前行）

◉浙江桐乡东田村　　采录时间：二零一七年四月十日

费金伦从1997年11月至今，连任八届党支部书记，是东田村第七任党支部书记。1997年上任后的前三年集中精力解决了东田村负债问题后；2002年费金伦带领东田村民对土地进行平整和绿化；然后进行统一规划，建皮鞋市场，同时开展新农村建设；2012年进行整村绿化，搞乡村旅游，进行美丽新农村建设。

如今的东田村已经成长为一个全国闻名的村庄，政治、经济、文化、教育、生态五位一体共同发展。被评为嘉兴市全面小康建设整治达标村、省级全面小康建设示范村。费金伦是打心眼里感到高兴。

想当初1997年从上一届领导班子手里接过东田村的时候，村里负债9700多万元。『当时一个乡镇的负债也没这么多』，面对这么多的负债，费金伦上任前三年集中精力解决负债问题。并将当初抵债的集体经济企业如数收回，如今负债全部还清，村里的资产增长到了两个亿左右。在费金伦的引领下，东田村真正走上了富裕之路。费金伦欣慰地说道：『这是我任党支部书记以来做得最让自己满意的一件事。』

当问到费金伦为什么受到村里百姓的推崇和喜爱，他做党支部书记是不是有自己的什么诀窍时。费金伦笑着说：『诀窍谈不上，自己在处理事情时倒是有一些心得』。首先，一定要把自己放低，将心比心，跟村里人平等地去交流。其次，在处理任何事情时一定要做到公平公正。

费金伦有着这样的一个认知，他认为在办公室里，作为党支部书记，要严格要求自己完成工作。出了这个办公室，就一定要把自己当一个普通老百姓一样去看，去真正的融入百姓，跟当地的的企业家打成一片，切实了解村里发展的实际需要。村里党支部书记对市委书记进行述职时，很多支部书记讲述自己河堤修了多少公里，路造了多少公里。费金伦却说：『东田村村域皮鞋产业的发展至关重要，我跟村里的皮鞋企业打成了一片。』在费金伦看来，修了多少路，造了多少河堤，这些都是必须的，但是作为一个支部书记不能仅仅只注重政绩，一定要懂得把自己放低，融进百姓。

担任党支部书记的20多年来，费金伦一直保持着换位思考、将心比心的习惯。遇到任何事情或任何人，他首先会想：『如果这个人是我的家人、亲人，这件事我会如何去处理，最后也会以同样的方式来处理这些事。』他把村里的人都当作自己的亲人来对待。所以20多年来，整个村不管是遇到什么样的问题，他都能够带领东田村走出困境，这跟他换位思考是分不开的。

2005年12月30日费金伦陪同时任浙江省委书记夏宝龙视察东田村

2005年6月30日费金伦陪同时任嘉兴市委书记黄坤明考察东田村新农村建设

现任村书记费金伦——（转型时期掌舵东田 登高望远继续前行）

THE CURRENT VILLAGE SECRETARY IS FEIJINLUN | MANAGING THE DONG TIAN VILLAGE IN TRANSITION AND GO AHEAD AND GO FORWARD

◉浙江桐乡东田村 采录时间：二零一七年四月十日

如何更好地为东田村的百姓搞好服务，费金伦始终把这个责任记在心里，扛在肩上。自1996年集体经济解体，村里自立门户的鞋企大大小小有数百家。但是像大的鞋企奇兰朵、三峰都有自己专门的设计师和会计。十几个人的家庭作坊式小规模的鞋企很难请到好的设计师和会计。费金伦发现这个问题后，召开支部成员会议，讨论决定利用村里资金去为这类中小鞋企统一配备设计师和会计。『招聘人才，几个小企业可以共享』。同时在费金伦的带领下，东田村还建立了工业支部、农业支部、足佳鞋业市场支部、鞋业园区联合支部、青春支部，支持全村鞋产业的发展。这样为村里的小型鞋企提供了技术跟资源共享平台，切实满足了村域不同层次皮鞋产业发展的需要。真正把公平公正的准则运用到了自己实际工作之中。

回首过往，20多年来费金伦带领东田村克服万难一步一步走上了富裕之路。自2002年，费金伦带领东田村兴建鞋材市场，当时便有100多个店铺，成交额达到四亿元以上。走进东田，映入眼帘的便是繁华的鞋业专业市场，村域皮鞋产业发达，有个私企业142家，已经形成鞋业特色区和鞋材批发市场。如今一年集体经济经营性收入和经常性收入能够达到600万。一张张订单从世界各地传到老百姓家中，书写了东田村皮鞋产业的新篇章。

反观当下，新时期东田村依然面临新的问题。以往负债的难题让费金伦绞尽脑汁，如今新时期劳动力短缺和制革资源成本高的问题再次让东田村进入了困境，也对费金伦提出了新的挑战。由于产业地区转移造成了当地劳动力的流失，劳动力成本也大幅度提升，如今东田村面临着用工难的问题。以往东田村的制革产业在本村，极大地节约了皮鞋制作的资源成本，如今东田村为了保护环境已经停掉了皮革生产。这两个优势如今已经不复存在，如何走好东田村今后的发展之路？在费金伦看来：『要以品牌取胜。在这样的形势之下，一定要在产品质量上下功夫，还要从设计方面突破，保证产品款式新颖，最终打造出东田村的皮鞋品牌。』

2015年10月15日，台湾南投县光荣里与东田村签约《两岸邻里友好结对》

2008年，村成立党委，镇党委领导与村党委班子成员合影

THE CURRENT VILLAGE SECRETARY IS FEIJINLUN | MANAGING THE DONG TIAN VILLAGE IN TRANSITION AND GO AHEAD AND GO FORWARD

现任村书记费金伦——（转型时期掌舵东田 登高望远继续前行）

◉浙江桐乡东田村　采录时间：二零一七年四月十日

对于东田村的未来，费金伦有着很高的期待，要把东田村打造成一个四、五星级的旅游区，一年吸引客流量达到几百万，民营盈利收入能够达到几个亿。这也是他带领东田村进行美丽新农村建设的目标。雄关漫道真如铁，实现这样的目标，并不是一件容易的事。费金伦要从两个方面进行突破，首先要进一步壮大村集体产业，并结合村内外企业赞助，为新农村建设提供资金支持。其次要对整个村重新进行规划升级，保证村民合理住房，从而保证旅游业发展的整体规划。这样从双面突破，东田村美丽新农村建设，发展旅游业的目标一定会实现。

东田村面貌有了很大的改变、生活有了很大的提高、环境生态教育都取得了可喜的成绩。唯一没变的就是费金伦对自己的要求：处理百姓事情要将心比心，换位思考；解决问题一定要公平公正。他一直把这奉为自己的圭臬，化为自己的行动准则，用心守护着东田村的百姓，推动东田村鞋产业发展变强。东田村如今被评为省级卫生村、省级文明村、省级绿化示范村、省级森林村庄、省级中心村、浙江省『双强百佳』行政村、浙江魅力新农村，这是对费金伦20多年来兢兢业业工作最好的奖赏和肯定。他将带着对百姓的爱护，继续前行，带领东田村人民奔向更美好的未来。

名贵江东田连沪杭
东田商务楼
1号楼
东田村
鼎诚清算
桐乡鼎诚
清算有限公司
浙北第一
鞋业制造基地
线上线下结合
电商终端型旺铺

EVERY TIME HOLDS THE PARTY BRANCH SECRETARIES | TIME BRINGS GREAT CHANGES TO THE WORLD AND THE HERO REVEALS HIMSELF.

历任党支部书记——（沧海横流 英雄显本色）

◉浙江桐乡东田村　　采录时间：二零一七年四月十一日

赵正坤，自解放后担任东田村党支部书记后连任5届，在任21年（1956年5月—1976年11月）；1982年1月—1983年7月又再次担任东田村党支部书记，是东田村第一任党支部书记。

陈永泉于1976年11月—1977年3月，1995年5月—1997年4月间担任过两届党支部书记，是东田村第二任党支部书记。

沈金海于1977年4月—1980年5月间担任党支部书记，是东田村第三任党支部书记。

李柏青于1980年7月—1981年12月间担任党支部书记，是东田村第四任东田村书记。

钟子春于1983年8月—1991年4月间担任党支部书记，是东田村第五任党支部书记。

赵志忠于1991年4月—1995年5月间担任党支部书记，是东田村第六任党支部书记。

费金伦从1997年11月至今，连任？届党支部书记，是东田村第七任党支部书记。

左图：2016年7月31日，东田村村委会办公楼

采芝齋
博藝軒

DONG TIAN VILLAGE'S LIST OF CORE ENTREPRENEURS — THERE ARE A LOT OF HARD THINGS ON THE WAY TO ENTREPRENEURSHIP BUT FORTUNATELY, THERE ARE THE GUIDES

东田创业核心人物谱——（创业路上险阻多 幸有潮头擎旗人）

◉浙江桐乡东田村　　采录时间：二零一七年四月十一日

水乡东田，坐落于桐乡市洲泉镇东郊，千百年来，东田村民习惯于男耕女织、依田而食的自然生活形态。

随着人口的日益增加和耕地的日益减少，人多地少的矛盾日益尖锐。到了上世纪七十年代，东田村人均耕地下降到1.1亩(733平方米)。迫于生存，东田村人民不得不开拓思路，寻找经济发展的新路子。

在改革开放大潮影响下，东田村以发展制鞋业作为村的经济支柱，在历届党支部一班人的带领下，在几代村民的努力下，东田村终于摆脱了贫困，走上了共同富裕的大道。

今天的东田人，在村域经济发展中，向世人展现了敢打、敢拼、敢闯，敢立潮头擎红旗的『弄潮儿』风采。那么，是谁让他们从贫穷迈向富裕，是谁让他们从畏缩不前转向开拓奋进，是谁让他们从『一枝寒梅傲霜开』变成『百花齐放春满园』？

东田人民不会忘记，是历届党支部一班人的坚强引领，是东田创业精英的踩雷前行，才让他们闯过一道道坎，才有了今天富足、安宁、健康、幸福的生活。

他们，不愧是东田之魂。

左图：未来东田村效果图

东田鞋业初创时，沈玉兴（左）与郑鹏璐（中）等人在商议发展规划

THE ENTREPRENEURIAL PATH OF THE DONG TIAN VILLAGE — STARTING THE BUSINESS IS VERY HARD

东田村创业路——（筚路蓝缕）

浙江桐乡东田村

采录时间：二零一七年四月十二日

东田鞋业初创时，沈玉兴（中）与郑鹏璐（左）等人在商议新款开发

东田鞋业初创时，青年员工在学习制鞋技术

东田鞋业初创时，沈玉兴（左）带青年员工在学习制鞋技术

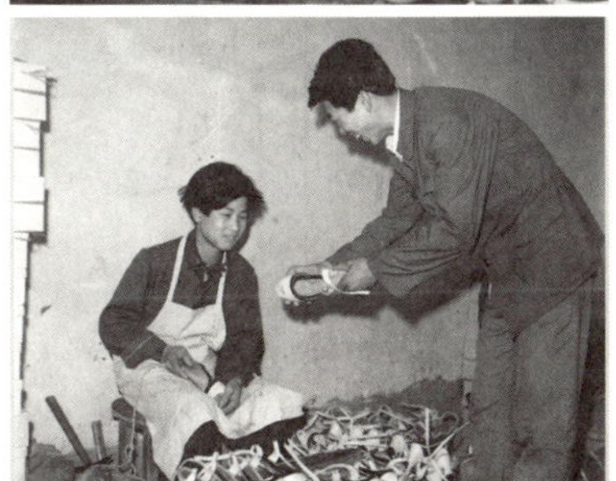

二十世纪九十年代嘉宾与东田村鞋企工人交流

东田鞋业初创时，青年员工在进行技术攻关

二十世纪八十年代东田鞋业创业功臣座谈

THE ENTREPRENEURIAL PATH OF THE DONG TIAN VILLAGE — STARTING THE BUSINESS IS VERY HARD

东田村创业路——（筚路蓝缕）

◉浙江桐乡东田村

采录时间：二零一七年四月十二日

二十世纪八十年代东田鞋业功臣大合影

东田鞋业初创时，请来专家对青年员工进行技术培训

二十世纪九十年代东田村鞋企表彰优秀员工

东田鞋业初创时，青年员工在进行技术攻关

整齐洁净的三峰鞋业大门

THE RECORD OF THE SAN FENG FOOTWEAR INDUSTRY — THREE PRONGED EFFORTS TO TRANSFORM,RELAY SHOE INDUSTRY AND SUCCESS

三峰鞋业实录——（『三管齐下』抓转型 接棒鞋业再登『峰』）

◉浙江桐乡东田村　采录时间：二零一七年四月十三日

1997年开始，为适应市场变化，东田村鞋企进行了体制改革，足佳集团公司自然解体，下属各企业自立门户。没多久，三峰鞋业公司便在东田村的诸多鞋企中脱颖而出。

三峰鞋业有限公司从最初只有十几人的小厂，如今已经扩展到100多人，公司以生产成年女鞋为主。当时三峰产的皮鞋，走的是价格亲民的路线，价格优势曾为三峰带来了良好的发展势头，产品畅销全国市场。如今20年过去了，再祭价格这块神主牌已不再是三峰的专利和优势了，三峰必须面对互联网带来的新的冲击和挑战。

自王伟出任三峰总经理以来，企业开始走『三管齐下』的路线，在生产这个侧面，主抓转型升级，款式和质量并重，在销售这个侧面，主抓线上线下联动，实体与网店并重。

三峰的产品历来以生产40岁年龄段的女鞋为主，三峰的销售以往也都是通过实体店的方式进行。如今年青人对高跟鞋需求激增，三峰的产品结构必须来一次自我否定；而近几年网店的兴起和网银支付的普及，对于传统的销售模式又造成了巨大冲击。

三峰鞋业用新设备新工艺制作的新潮款式皮鞋

三峰鞋业用新设备新工艺制作的新潮款式皮鞋

三峰推出的新潮款式的皮鞋

三峰工人在精心制作新潮款式的皮鞋

THE RECORD OF THE SAN FENG FOOTWEAR INDUSTRY | THREE PRONGED EFFORTS TO TRANSFORM,RELAY SHOE INDUSTRY AND SUCCESS

三峰鞋业实录——（『三管齐下』抓转型 接棒鞋业再登『峰』）

浙江桐乡东田村　采录时间：二零一七年四月十四日

三峰鞋业自创建以来，一直秉承『品质为上』理念，在工艺、质量上不断攀登新的高度，并坚持向皮鞋工艺领先的温州、广州看齐。但质量和工艺只是品牌的保证，并不是成功的全部。处在关键转折处的三峰如何走好下一步？王伟认为，产品风格的时尚化是大趋势，只有顺应这个趋势才有出路，『适者生存嘛』。于是他着手组建了一个由五六个年轻人组成的开发团队。『这样的年轻人比较专业，观念也相对超前。』为了提高团队的专业能力，王伟经常带着他们到全国各地去感受，去接受各地的鞋业信息，激发了团队的创新意识，很快三峰产品在款式、风格上有了新的突破。

在生产侧面的转型成功后，王伟便开始了在销售这个侧面的布局。他要进行『把线上线下结合起来』的全新销售模式的尝试。『因为目前我们对互联网还比较陌生，所以在网上的布局比较谨慎，三峰的网店尚处在起步阶段，远没形成规模，2018年，我会把精力更多更放在线上，但是我们不会有了网上就丢弃线下，不会有了网店就忽略实体店，因为不同的消费群体会有不同的消费习惯。目前「双管齐下」是我们的既定方针，我们要实现销售渠道的双向互通，这样我们才能满足不同类型的消费者的需求。』

三峰鞋业用新设备新工艺制作的新潮款式皮鞋

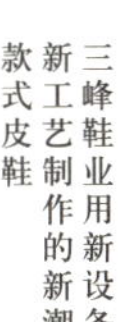

三峰鞋业用新设备新工艺制作的新潮款式皮鞋

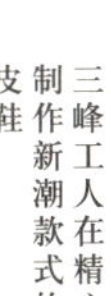

三峰工人在精心制作新潮款式的皮鞋

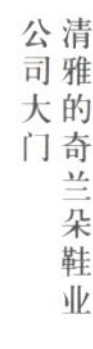
清雅的奇兰朵鞋业公司大门

井然有序的奇兰朵生产车间

THE RECORD OF THE QI LAN DUO FOOTWEAR INDUSTRY | INNOVATION HELPS TO ENHANCE ENTERPRISE STRENGTH

奇兰朵鞋业实录——（转型创新助推企业发展扶摇直上）

◉ 浙江桐乡东田村　　采录时间：二零一七年四月十五日

1997年在东田村鞋企体制改革中，奇兰朵的前身『东正鞋业有限公司』在诸多自立门户的鞋企中闯出了属于自己的天地。

2000年，东正鞋业有限公司注册成功。2004年，成立了奇兰朵，公司一开始定位便是外销企业，主要产品出口俄罗斯，找准了销售方向，公司的发展势如破竹。2000年起，奇兰朵每年销售额都会翻一番。奇兰朵是外销型企业，对于款式和质量的标准要求也就更高。『俄罗斯人的脚型都比较大，对于鞋子整体的设计上要求也更高一些』，董事长杨慧泉说道。为了保证鞋子的舒适度，在打料、做帮等工艺上，奇兰朵都以高标准要求自身。俄罗斯一到冬天气温非常的低，这对鞋子胶的粘合度要求也非常高。为了保证鞋子的质量，杨慧泉把自己当成了一个工人，每天和员工奔赴在生产第一线，帮助他们解决实际问题，排查不合格鞋子，保证每一双出口的鞋子都能够达到标准。也正是秉持着这种严谨认真的态度，奇兰朵成为了俄罗斯最大的鞋业批发市场，占到了俄罗斯市场的一半。如今的奇兰朵已经发展成为一个百人企业。奇兰朵作为外销企业，主要出口俄罗斯，以生产女鞋为主。自2004年7月份成立奇兰朵公司以来，一直坚持『根据时代潮流，不断满足客户需求』的理念，为俄罗斯提供了一批又一批优质皮鞋。通过老员工带新员工，一对一、手把手传授技能的方式，提高了员工整体工艺水平。

作为外销企业，人民币汇率的变化是影响奇兰朵发展的重要因素之一。一年两个季度，一般俄罗斯会提前一个季度预订皮鞋，在这6个月内，人民币一旦升值，那公司就要面临相当一部分的损失。如何规避汇率变化带来的风险，也是奇兰朵接下来要面临的问题。

奇兰朵工人在精心制作皮鞋

奇兰朵鞋业实录——（转型创新助推企业发展扶摇直上）

THE RECORD OF THE QI LAN DUO FOOTWEAR INDUSTRY | INNOVATION HELPS TO ENHANCE ENTERPRISE STRENGTH

浙江桐乡东田村　采录时间：二零一七年四月十六日

如今我国正处于经济转型时期。产业地区转移，这也造成了制造业相当一部分的劳动力转移。『现在招人还挺难的，以前公司里的外地员工也都回家进当地的公司了。』杨慧泉说道。奇兰朵公司由以往有500多人，到现在只剩下100多人。这也就对奇兰朵本身的转型升级提出了要求。

接下来，奇兰朵将从两个方面进行统筹布局。第一，要优化管理层，注入新鲜力量。奇兰朵作为传统型企业，管理层年龄普遍偏大，思路一定程度上僵化、老化，新的东西注入难度往往比较大。『要实现企业的转型升级，就必须为管理层注入新鲜年青的力量』。杨慧泉如是说道。第二，要拓宽客户来源。由于长期以来的产品只出口到俄罗斯，客户比较单一，风险度也较高，销售始终不能有一个新的跨越。拓宽客户来源，对于奇兰朵来说，也势在必行。

我国处在经济转型的关键时期，也是奇兰朵转型的关键时期，如何把奇兰朵这朵皮鞋花开得更加绚丽。奇兰朵面临着挑战，同时也面临机遇。『寻找好的项目，等待机会，积极进行转型』，是杨慧泉对于企业未来发展的期许，也是奇兰朵企业接下来的奋斗方向所在。

奇兰朵工人在精心制作皮鞋

规模宏大的东田村鞋材市场

凯华皮革
足辉鞋跟
金鑫皮革
金汇鞋材

足佳鞋材市场二期

屈氏蚕丝被
免费订购加盟热线：
400-666-5800
新永盛鞋业
峰峰图文广告
打印复印
名片制作
写真喷绘
包装设计
横幅彩旗
广告字牌
户外广告
印刷制版
汇丰皮行

飞龙鞋业
400-666-5800

东田村制鞋工业园区入口

足佳鞋业市场一期

刚建成的东田鞋材市场三期

东田村尚丰鞋业

2006年，足佳鞋业市场开业庆典

2006年，足佳鞋业市场开业庆典上的新鞋走秀

SHOE MARKET IN DONG TIAN VILLAGE
——DEPENDING ON THE DEVELOPMENT OF FOOTWEAR INDUSTRY,GO TO SUCCESS

东田村鞋业市场——（『穿鞋』走出康庄道）

◉浙江桐乡东田村

采录时间：二零一七年四月十七日

足佳鞋业市场夜景

东田鞋企员工脸上的笑容便是这批产品最好的免检商标

东田皮鞋夜市吸引了大批消费者光顾

消费者在东田皮鞋夜市上选购皮鞋

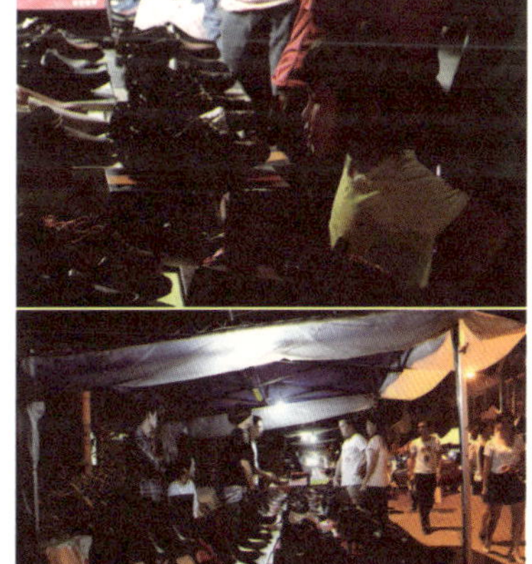

东田皮鞋夜市上的小顾客

热闹的东田皮鞋夜市

第二章

抒目东田满眼春

SPRING DONGTIANISFULL OF SPRING IN OUR EYES

引言
生态治理
自然环境
美丽村居
幸福生活
河桥路坊
洲泉实验小学
赵汝愚纪念馆
艺术东田

PREFACE — DONGTIAN IS FULL OF SPRING IN SIGHTSEEING

引言——（抒目东田满眼春）

⊙浙江桐乡东田村　　采录时间：二零一七年四月二日

淙淙流水，杳杳乡音。当我们走进东田村的时候，江南那独有的软糯微风，轻摇着柳丝，将村庄的细腻和朴素，沁入了我们的心脾。随着一路的观察与采访，我们脑海中的东田村形象渐渐清晰，她在岁月流逝中的一点点改变，渐渐沉淀成只属于这个江南小村的文化韵味，时间所刻下的那些意味悠长的故事，正熠熠生辉。在此，我们将用稚嫩的笔，一笔一划描摹我们心中的东田印象。

KOMATSU
KOMATSU

生态治理——（景美人更美）

ECOLOGICAL MANAGEMENT — PEOPLE IS MORE BEAUTIFUL THAN SCENE

◉浙江桐乡东田村 采录时间：二零一七年四月二日

在社会主义新农村建设中，东田村党总支和村委会以科学发展观为指导，围绕『村美、民富、经济强』的要求，对照『全省小康示范村』的建设标准，统一规范布局，加大投入力度，狠抓软硬件建设，村容村貌和村民精神面貌发生了巨大变化，达到了『布局优化、道路硬化、村庄绿化、路灯亮化、卫生洁化、河道净化、文体配套设施齐全』的目标，实现物质文明、精神文明和政治文明的协调发展。

新村农户、学校、市场及鞋业园区的生活污水经化粪池、排污管集中后输入杨家庄浜河道，再采用生态绿地处理工程，对生活污水进行处理，目前生活污水处理达到310户以上。通过采取有效措施，东田村已变成了空气清新、河水清澈、环境整洁、村容优美的宜居生态村。村里文化设施齐全，建有图书馆和综合性体育运动场。村民文化生活丰富多彩，建有村级业余腰鼓队，开展了夏季纳凉晚会、秋季皮鞋走秀等特色文娱活动。

东田村清理河道，让黑河清彻见底

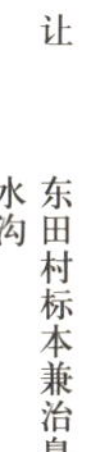
东田村标本兼治臭水沟

东田村在清理河道

整理后的东田村河道花美景美人更美

整理后的东田村河道花美景美人更美

整理后的东田村河道水清景美

左图：东田村整理土地准备建新村居

东田村新建的农民公园

自然环境——（生机盎然）

THE NATURAL ENVIRONMENT | VIBRANT

◉ 浙江桐乡东田村

采录时间：二零一七年七月六日

东田村位于嘉兴市桐乡市洲泉镇、周边有上升村、泰祉村、太平村、马骑村等，东田村人杰地灵，英才辈出，空气清新。村内企业有：五金铸造厂、生物肥厂、丝绸厂、微型农机、沙石厂。主要农产品有：橘子、草莓、西瓜、芒果、茅菜、土豆、无花果。村内资源：海兰宝石、板钛矿。村里单位：东田村卫生院、东田村广播站。

全面打造美丽乡村『升级版』。走进洲泉镇东田村，真乃一步一景，举目见新颜。一座座排屋井然有序，房前屋后绿树成荫，东田水系环绕村庄缓缓流过。

东田村农宅的设计和建造如此时尚和美观，配套资源日益完善，原本从村里搬去城里居住的村民都纷纷搬回村里居住，不少人感叹：村里的年轻人回来了。

东田村河岸边蓝天绿树共徘徊

东田村河面上白鹭翩翩起舞

如今东田村里都是绿荫道

如今东田村河道也都被绿荫遮盖着

东田村民庭院里的石榴正红

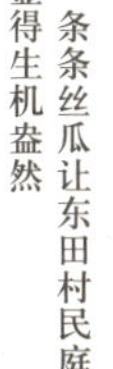

一条条丝瓜让东田村民庭院显得生机盎然

如今东田村满眼绿荫

放眼东田村一片绿世界

THE BEAUTIFUL COUNTRYSIDE | VIBRANT

美丽村居——（生机盎然）

◉浙江桐乡东田村　采录时间：二零一七年七月八日

郁郁葱葱的绿树掩映中，欧美风格的『花园洋房』黛瓦黄墙。房前屋后树木林立，老者含饴弄孙，妇孺自得其乐。在洲泉镇东田村，好一派田园风光。

在村前的不远处，矗立着一座鞋业市场。十年来，东田村村民依靠着这个市场，逐渐走向富裕。

『在农村生活了大半辈子，谁能想到还可以住上别墅，过上城里人的生活啊！』东田村老支书陈永泉感叹，新区内水电齐全，路修得平平整整，公园、文化中心啥都有。

『自从建起了鞋业市场，带动了整个村的经济，村里用市场的营业场所收入为我们铺路、建房，大伙儿心里都很感激。』陈永泉说。

依托皮鞋市场，洲泉镇政府和东田村村委会投入大量资金，为村民建设新居，改善村民的居住条件，实现新村集聚。新房建起来了，道路硬化了，公共设施不断完善……东田村成为桐乡市美丽乡村『中心村』建设的范本。

绿树掩映下的东田村民宅

俯瞰东田村农民新村

东田村村居豪华气派

东田村民宅比城里人的商品房更宽敞

东田村民别墅区里的健身器材

THE BEAUTIFUL COUNTRYSIDE | VIBRANT

美丽村居——（生机盎然）

◉浙江桐乡东田村　采录时间：二零一七年七月八日

东田村绿树掩映下的别墅区

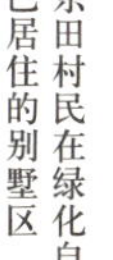

东田村民在绿化自己居住的别墅区

别墅加轿车是如今东田村民的标配

这户村民在东田村争创优美庭院、四好家庭活动中获奖

幸福生活——（情意浓浓）

A HAPPY LIFE | CORDIALITY THICK

⊙浙江桐乡东田村　采录时间：二零一七年七月十日

提升『美化』，全面打造美丽乡村『升级版』。走进洲泉镇东田村，真乃一步一景，举目换新颜。一座座排屋井然有序，房前屋后绿树成荫，东田水系环绕村庄缓缓流过。新农村房子的设计和建造如此时尚和美观，配套的资源也日益完善，原本从村里搬去城里居住的村民都纷纷搬回了村里居住，不少人感叹：村里的年轻人回来了。

东田村里身体健康的八旬老人

如今的东田村民笑意写在脸上

东田一户村民为孩子过生日营造了浓浓的亲情

东田青年的中式婚礼很讲究传统礼仪

富裕后的东田青年的婚礼特别隆重

祥光萬年竹孚安

解元

东田的路与桥——（蒸蒸日上）

DONGTIAN'S ROAD AND BRIDGE — PROGRESSES DAY BY DAY

◉ 浙江桐乡东田村　采录时间：二零一七年七月十二日

那个年代，若有一封远方的家书，一定是带着用雨水和泥泞混杂起来的希望，顺水飘来。

路·痕迹

当我们乘车来到东田村时，只见一条宽广的大马路贯通村中央，再由数条平坦的柏油路连接着村内的住宅、企业、学校，两侧的行道树像迎宾美女整齐地站立着，村民的房屋则沿着道路两边，在大片的绿色簇拥下，显得恬静安宁，这是东田村留给我们的第一印象。

我们的车停在丞相祠边上，一行人顺着湖边的健身绿道，尽情欣赏着东田村的种种美景：狭长的小道旁，间栽的桃柳错落有致——柳，丝绦摇曳；桃，粉面含笑。顺小道前行，近处是丛丛灌木依流水，远处是拱桥横卧锁绿波，东田村美景尽收眼底，也留在了我们的记忆中。

如今东田村的路，已全部是沥青和水泥铺就的平坦大道了，而曾经的村路，却是晴天满天扬灰、雨天一片泥水的土路。这些年来，那些记载着东田变迁史的泥土路，差不多已改造完毕，如今陪伴新一代村民生活的全是沥青和水泥路了。

但村干部是有心人，还保留了一条当年的泥路。我们在一间老房后，看到了这条狭长的小路，说它是路，倒更像是一条由人的脚步踩出来的曲径，它沿着河道向远处逶迤。晴天时有树荫遮蔽着，颇具闲适之韵；若逢雨天，路上的泥土与雨水便会混合成泥浆泥丸，但有行人走过，衣裤上便会留下片片泥迹。

在没有汽车的日子，自行车与双腿便成了东田村民与外界交流的唯一工具。老一辈东田人肩负着对美好未来的希望，不分晴雨，踏着泥泞，走出村子，他们的足迹清晰地刻在了东田一条条泥路上，他们带着村路上的灰尘外出奔波创业，而带回来的却是满村的现代企业，文化中心和农民公园，连片的别墅广厦和阡陌纵横的沥青大路。

我们不禁为村干部留下村里这最后一条泥路的决定而赞叹，留下这条泥路——这个无言的历史老人，它会记录下东田村的过去，它会映衬今天的辉煌，它会告诉村民东田的发展只是开了个头，更大的变化还在后面，有这条泥路在，它会告诉我们东田的未来。

东田村的村道全部实现了路面硬化

东田村凡通车的村道都是沥青路面

承载着东田村记忆的东兴桥

矗立在东田文化苑入口处的牌坊

东田文化苑牌坊

走过东田的桥，迎面而来的是携着菜花香气的习习春风，桥下是淙淙的流水，我们沿着河边向东望过去，才真正体会出宋人王安石发出『春风又绿江南岸』感慨时的心情。

东田村的水是活泼的，夹岸而生的桃花将花瓣洒在河面上，水中小鱼时不时打起水花，让我们想起了『桃花流水鳜鱼肥』的意境。攀援在岸边亭阁上的紫藤萝花，顺着亭檐在河的一边探出了头，随风将自己的芳华洒到了河水里。

桃花掩映下的赵若愚纪念馆景区

东田村的水亦是温柔的，它不仅满足了东田村民的饮用洗涤之需，也包容了东田村在创业初期所犯下的错误。创业初期，东田村曾有过一段粗放型生产的过程，使东田村的水受到了污染，当东田村企业走上正轨之后，马上开始了对水资源的治理与保护。如今东田村的河道重回清澈，又显出蕴藻扭腰舞蹈、鱼儿摆尾游行的动人景象。

东田村新造的古色古香的拱桥

波纹轻浅，水光跃金，如镜子一般的河水映出了岸上桃花的粉脸。

东田村一路走来行艰任重，在失败与成功的交织徘徊中，终于摸索出了绿色发展之道。东田的水始终陪伴着东田的发展，如今正载着欢乐与希望流向远方。

古色古香的楼台亭阁让东田村更显文化底蕴

东田的路与桥——（蒸蒸日上）

DONGTIAN'S ROAD AND BRIDGE — PROGRESSES DAY BY DAY

⊙浙江桐乡东田村　采录时间：二零一七年七月十二日

桥·水乡

丞相祠旁的拱桥桥身上，刻着这样一副对联：『平原无景唯花树，水乡有潭藏祥龙。』这座由砖石砌成的静静地横卧在河上的拱桥，也是东田村水乡文化的符号之一。

对于江南水乡来说，无桥不成路。桥，连着村，更连着家。桥的这头是上学，桥的那一头是放学；桥的这儿是出工，桥的那儿是收工；桥的这边是远行，桥的那边是返乡。水乡那些被水网分割开的一块块陆地，因为有了桥的连接，才成为村落。

东田村的桥是朴素的，它不似其他旅游景点的桥那样浮华，也不高大，但它质朴、平稳，能把看似遥远的彼岸化作了咫尺。

沿着河道前行，我们看到了一座老桥，这是一座仅由三块长方形石条组成的石桥，千百年来，江南氤氲水气让老桥染上了点点青苔，仿佛成了一个身上披着蓑衣的耄耋老人。现在，这座石桥边上已建起了一座更为宽敞的混凝土新桥，石桥就成了陪衬。但在我们看来，老桥倒成了一位站在河边树荫下，静静地望着新桥车来车往、人去人归的思考着的老人，他一定想到了自己曾经为东田村人民提供了种种便利，但他更看到了如今东田人生活的蒸蒸日上。

桥上的行人是桥的过客，而桥下的流水才是桥真正的主人。流水在用自己的欢唱去和鸣着桥生命的乐章，而东田村的桥却从一代代东田人在它身上走过时的脚步声中，感受到时代脉博的律动，所以说，东田村桥的生命是精彩的。

承载着东田村记忆的东兴桥

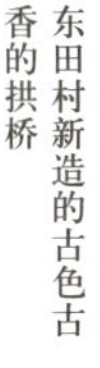

东田村新造的古色古香的拱桥

东田村新造的古色古香的拱桥

东田村里还保留着的这条古桥有几百年历史

桃花掩映下的赵若愚纪念馆景区

二十世纪九十年代青石乡中心小学教学楼

今天的洲泉实验小学欧式风格的校舍

FROM "QIINGSHI PRIMARY SCHOOL" TO "TONGXIANG CITY ZHOUQUAN EXPERIMENTAL PRIMARY SCHOOL"

LEGEND OF FIRE

从『青石乡小学』到『桐乡市洲泉实验小学』

——（薪火相传）

◉浙江桐乡东田村　采录时间：二零一七年四月四日

如果把今天的故事比作一滴水的话，那么，在远方一定有一道名为文化的桥梁，架在连在昨日与今朝的历史长河上。

那是1953年2月，正是万物复苏的季节，随着『青石乡小学』的创办，教育的甘霖开始滋养东田村这片土地。

青石乡小学最初的校址选在青石桥堍。挨着水好啊，西周时诸侯所立的大学便叫『泮宫』，学校临水而建，自有其道理。书声琅琅，流水潺潺，相得益彰。清水会净涤学子的赤诚之心。

后来，在公社化浪潮的席卷之下，学校先后更名为『洲泉公社第三中心小学』和『青石公社中心小学』，短短8年内校址亦有三迁。前人办学所遭遇的坎坷艰辛，本不是几句话能说清楚的，但有一事，却是值得在这里书写几句。

据佳源房地产集团董事长沈玉兴先生回忆，他少年时在一尼姑庵中就读。那是校址二迁之际，出于种种无奈，学校只得暂借肃清庵。因为当时百姓有心无力，时任校长虽多方求助却未果，于是刚起步的处境窘迫的东田村这所村校，只好叨扰尼姑庵的清净了。

又据一位亲历者说，因一时找不到校舍的青石小学师生，一路来到肃清庵前，当时学子的脸上写着好奇，教师的眼中透着无奈，校长的心中满怀负疚。沉默一会后，身处队伍最前列的校长理了理衣襟，然后大步向前敲响了庵门……

直至今天，说起那一幕，亲历者声音仍有难以抑制的震颤，这里孩子有书可读，都亏老一辈办学人的决心，方能薪火相传至今。

后又经数次更名与迁址，『青石乡小学』最终脱胎为今天的『桐乡市洲泉实验小学』。从起初的村校，蜕变为桐乡市教育界的一块招牌，这翻天覆地的变化，便是东田人坚持教育优先的明证。

青石乡小学77年毕业照

洲泉小学生在宽敞的操场上集会

二十世纪九十年代青石中心小学校门

今天的洲泉实验小学欧式风格的校舍

洲泉小学生在校园里快乐成长

洲泉实验小学优美的校园为孩子提供了良好的阅读环境

洲泉小学一流的设施让孩子受到最好的教育

洲泉小学景色优美，教学条件一流，运动健身设施齐全

FROM "QINGSHSI PRIMARY SCHOOL" TO "TONGXIANG CITY ZHOUQUAN EXPERIMENTAL PRIMARY SCHOOL"

LEGEND OF FIRE

从『青石乡小学』到『桐乡市洲泉实验小学』

——（薪火相传）

◉浙江桐乡东田村　采录时间：二零一七年四月四日

当我们一行人走进今天的『洲泉实验小学』时，不由得发出一阵阵赞叹。这是一片欧式建筑群，显得典雅庄重，其中高高矗立的钟楼尤为醒目。步入校园可见泉池相映，绿树锦簇，花拥雕塑，正厅上镌『明德、励志、笃学、敏行』八字校训，行人不作高声语，朗朗书声隐隐可闻，心中愈发笃定：此为求学佳处。

现任校长沈秋萍是位温文尔雅的女士，她带我们参观了校史馆，得见了历任校长的肖像，不由感慨，学校能成就今天的规模，正是得以历任先贤65年的接力传承啊！

从校史馆出来，沈校长又带我们参观田径场，绿茵场上，笑容灿烂的学生正在奋力投掷着纸飞机，看到有人参观，他们玩得更为起劲。一会儿，下课铃骤然响起，学子们列着整齐的队伍，在教师的带领下有序离开操场，我们目送他们从樱花正盛的校道走回教室，心中思忖：能受到全国一流教育的东田村下一代是多么的幸福。

润物无声65载的『洲泉实验小学』，已结累累硕果，足见其收百年树人的功效。正是在教育的熏陶下，让这片本属贫瘠的土地走出了一大批企业家。目前的欧式校园正是当年从『青石乡小学』走出去的沈玉兴先生致力新建，事业有成的校友反哺学校，在东田早已传为美谈。我们望着学校里横着的标语——『今日我以学校为荣，明日学校以我为傲』，心想，这是对东田教育事业最贴切的描写！

我们本来还想去寻访那座对教育事业释放过善意的肃清庵，只可惜它早已在文革中圮毁，这令我们感到遗憾。不过如今学校的兴旺，也算是对肃请庵最好的回馈了吧。

喜欢杂技的小学生在操场上练习独轮车技

孩子们在洲泉实验小学宽敞明亮的教室里上课

孩子们在洲泉实验小学宽敞明亮的教室里上课

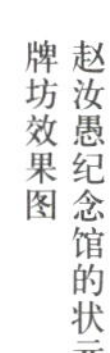

赵汝愚纪念馆的状元牌坊效果图

ZHAO YURU MEMORIAL | WITH A LONG HISTORY

赵汝愚纪念馆——（历史悠久）

◉浙江桐乡东田村　采录时间：二零一七年八月三日

东田村文化绵长，历史悠久。在漫漫历史长河中，东田村走出了一系列名人，有赵汝愚、吴之振、胡枚等，他们为东田村增光添彩，而其中最为著名的、影响力最大的，当属南宋丞相赵汝愚。

赵汝愚，南宋饶州余干（今江西余干西北）人，字子直，生于崇德县洲钱（今浙江省桐乡市洲泉镇），落户于洲泉东田村。宋孝宗乾道二年（1166年）状元及第，历任签书宁国节度判官、秘书省正字、集英殿修撰、福州知府、吏部尚书等职，官至右丞相。

2014年，东田村列入浙江省级第二批历史文化保护利用村后，便启动赵汝愚纪念馆项目，预计投资4亿元。项目由赵汝愚纪念馆、宋式古街组成，以东田村深厚的文化积淀与宏大的产业基础为依托，并与村农民公园、文化大礼堂、春泥计划活动室、文化茶馆、文化大讲堂等文化设施结合，计划建设成为集游览观光、乡村休闲与商务度假为一体的新型体验村落。

赵汝愚纪念馆由丞相祠、文昌阁、状元牌坊、城乡牌坊、解元牌坊，会元牌坊、码头、观鱼亭、观鱼阁、连廊、商业设施等组成。

赵汝愚纪念馆文昌阁效果图

赵汝愚纪念馆丞相祠立面效果图

赵汝愚纪念馆丞相祠内院立面效果图

赵汝愚纪念馆丞相祠即将竣工

赵汝愚纪念馆丞相祠施工中

聖旨
丞相

ART DONGTIAN — SKETCH DONGTIAN

艺术东田——（速写东田）

◉ 浙江桐乡东田村　采录时间：二零一七年六月十六日

ART DONGTIAN — SKETCH DONGTIAN

艺术东田——（速写东田）

◉ 浙江桐乡东田村

采录时间：二零一七年六月十六日

ART DONGTIAN | SKETCH DONGTIAN

艺术东田——（速写东田）

◉浙江桐乡东田村

采录时间：二零一七年六月十六日

ART DONGTIAN | SKETCH DONGTIAN

艺术东田——（速写东田）

◉浙江桐乡东田村　采录时间：二零一七年六月十六日

艺术东田——（速写东田）

ART DONGTIAN — SKETCH DONGTIAN

◉ 浙江桐乡东田村　采录时间：二零一七年六月十六日

第三章

因为地灵所以人杰

THE GLORY OF A PLACE LEADS GREATNESS
TO THE PEOPLE THERE

访浙江佳源房产集团有限公司董事长沈玉兴

访俞敬忠教授

记楚峰鞋业董事长沈新华

记国画家沈杏林

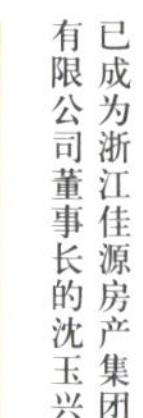

已成为浙江佳源房产集团有限公司董事长的沈玉兴

VISITING ZHEJIANG JIAYUAN GROUP'S CHAIRMAN SHEN YU-XING | AFFECTION FOR DONGTIAN AND REMAIN TRUE TO OUR ORIGINAL ASPIRATION

访浙江佳源房产集团有限公司董事长沈玉兴——（情系东田 不忘初心）

◉浙江桐乡东田村　　采录时间：二零一七年八月六日

商界奇才　快意人生

沈玉兴，浙江佳源房产集团有限公司董事长，1959年出生于桐乡市洲泉镇东田村。

仅仅22年时光，他就缔造了传奇人生：1995年，起步于嘉兴秀州路上一幢商住小楼；2002年，开建嘉兴市首个纯高层住宅小区『名人国际花园』；2003年，开建首个纯别墅住宅小区『丁香花园』、首个精装修单身公寓『名典公寓』；2005年，在单宗价格高达6.35亿元的『地王』地块上开建『巴黎都市』，一举成为引领嘉兴楼市十年的品质标杆；2007年，开建『罗马都市』首创嘉兴公园地产；2009年，『佳源』上榜『中国房地产百强企业』，成为嘉兴市唯一上榜的房地产企业；2013年，跻身中国房地产开发企业50强，荣膺中国房地产开发企业品牌价值50强……

今天，浙江佳源房地产集团有限公司不仅是嘉兴楼市当之无愧的『领跑者』，还给全国44座城市留下了堪称地标的『佳源建筑』。

『佳源』自1995年创立，历经22年发展，目前已经成长为一家集房地产开发、电器零售、医疗养老、矿产开发、智能家居、商业管理、物业服务、文化旅游等产业为一体的控股集团，业务范围遍及国内100余座城市以及澳大利亚、新加坡、越南等国家和地区。

东田鞋业初创时，沈玉兴（中）与郑鹏璐（左）等人在商议新款开发

沈玉兴（左）带领青年工人分析市场流行款式。

VISITING ZHEJIANG JIAYUAN GROUP'S CHAIRMAN SHEN YU-XING — AFFECTION FOR DONGTIAN AND REMAIN TRUE TO OUR ORIGINAL ASPIRATION

访浙江佳源房产集团有限公司董事长沈玉兴——（情系东田　不忘初心）

◉浙江桐乡东田村　采录时间：二零一七年八月六日

筚路蓝缕　负梦前行

让我们透过沈玉兴身上的光环，看看他是如何『负梦前行』的。

他20岁时创办『足佳皮鞋厂』，22岁时组建皮革企业『托拉斯』，25岁成为嘉兴全市当时最年轻的乡党委书记，26岁创办嘉兴市第一家中外合资企业，同年又成为嘉兴市首位聘用制的市级机关局级干部，刚过30岁就成为嘉兴市第一个辞官下海者。

他在年近不惑时开始涉足房产业，耳顺之年成为中国房地产50强企业的统帅……和众多出身于草根的浙商一样，他白手起家，靠着源自于内心的那股锐气与自信，不断挑战自我，在成就辉煌的同时，也凝聚起了充满活力的『佳源』团队。

『成功的花儿，人们只惊羡于她现时的明艳，却不知道当初她的芽儿浸透了奋斗的泪泉，洒遍了牺牲的血雨。』无数光环的背后，是沈玉兴艰难的青少年。沈玉兴出生在大饥荒的年代，初中毕业后，成绩优秀的他，由于家里太穷，连十块钱学费也拿不出，无奈不得不放弃学业。『当时我是哭了一个晚上』，每忆当时，沈玉兴感慨不已。『现在你们能上大学，要感谢时代和你们的父母。』他对我们如是说。

弃学回乡，作为农家的孩子，那时也没有更好的去向，就在生产队里种田、挣工分，『我当农民时，尽管不能读书了，但我告诫自己，我不能这么一直当农民。』这个农家的独生子，虽有着与父亲一样的厚嘴唇、黑皮肤，却没有继承他父亲那不声不响、安于现状的性格。1975年，转机来了，时任东田村党支部书记的陈永泉把他调到了桥梁队里造桥，然后转到乡镇企业工作。由于头脑灵活、能力突出、表现优异，1977年便被聘为东田村会计。『当时会计算是村里的大干部了。』沈玉兴笑着说，也正是从东田村会计岗位开始，沈玉兴艰难的青少年岁月算是告一段落。

他总说，做人要懂得感恩，尤其不能忘了在人生岔路口出手相助的人，因此他十分感谢东田村当时领导对他的知遇之恩，也是他几十年来一直不忘初心、情系东田、造福乡梓的原动力。

2006年，沈玉兴在浙江足佳鞋业市场开业庆典上致辞

访浙江佳源房产集团有限公司董事长沈玉兴——（情系东田 不忘初心）

VISITING ZHEJIANG JIAYUAN GROUP'S CHAIRMAN SHEN YU-XING — AFFECTION FOR DONGTIAN AND REMAIN TRUE TO OUR ORIGINAL ASPIRATION

◉浙江桐乡东田村　采录时间：二零一七年八月六日

新的机遇　新的征程

沈玉兴的人生征途路漫漫，道阻且长。

1977年，他任东田村会计；

1979年，他创办『足佳皮鞋厂』；

1982年，他组建桐乡青石皮革公司，任总经理；1983年，任青石乡党委委员、经济联合社社长；1984年他25岁，任青石乡党委书记，1985年他26岁，任嘉兴市乡镇企业局副局长；

1988年，他任嘉兴市人民政府深圳办事处主任。

1983年，沈玉兴任青石乡党委委员时，不顾乡党委书记和乡长的反对，坚持去读电大。他是这么说服书记和乡长的：『企业在发展，时代在进步，我不读书肯定跟不上』。他去读电大了，青石乡的工作不能落下，经济联合社和皮鞋厂的事他要安排好，所以沈玉兴的电大读得比常人艰难数倍。电大三年间，只要挤得出时间，沈玉兴一定回来听课，实在来不了，他托别人用录音机录下来，他有空时再一句句地听，最终他以优异的成绩毕业。

沈玉兴所有的优秀都是他用奋斗的激情与努力的汗水换来的。

当年在担任青石乡党委书记时，沈玉兴把全乡近两万人的吃喝拉撒担在肩上，不因自己年轻而有所懈怠。他深知责任重大，全乡的生产发展、共同富裕、社会治安、文明建设等等，他都要管。回忆起当年这段经历，沈玉兴记忆犹新，他说当时几乎没有自己的时间，全部精力都扑在了乡里的建设上，整天思考着乡里的经济发展。

至今让乡里百姓难忘的一件事是，当时因为中越自卫反击战，需要乡里青年去应征体检，但有的青年却开溜了。沈玉兴经思考，提出了给军人退伍时给安排到乡镇企业工作的政策，从而使乡里青年人解除了后顾之忧，纷纷报名参军。沈玉兴认为，给保家卫国的人以保障，是政府公职人员的职责。这是这位从东田村走出来的农家子弟，从政期间坚持执政为民，为青石乡百姓谋福祉的生动一例。

沈玉兴的佳源房产经典作品——巴黎都市

沈玉兴的佳源房产经典作品——湖州英伦都市

VISITING ZHEJIANG JIAYUAN GROUP'S CHAIRMAN SHEN YU-XING | AFFECTION FOR DONGTIAN AND REMAIN TRUE TO OUR ORIGINAL ASPIRATION

访浙江佳源房产集团有限公司董事长沈玉兴——（情系东田 不忘初心）

◉浙江桐乡东田村　　采录时间：二零一七年八月六日

砥砺前行　功成名就

沈玉兴在担任嘉兴市人民政府深圳办事处主任任上，向组织打了一个辞职报告，决定下海经商。当时有省领导私下对他说，你可成了嘉兴撤地建市后第一个辞职下海的官员，希望再认真考虑一下。

但此后三个月，周围的人发现沈玉兴不见了。总觉得『当官找不到感觉』的沈玉兴一个人躲起来左思右想，觉得『自己还是一个能在商海中游水的人』。于是他重新走上经商之路，很快创办了足佳贸易公司，接着又投资房地产，连续开发了丁香花园、巴黎都市、罗马都市等一批享誉江南的精品楼盘，很快占据了嘉兴房地产业的制高点。

『人人都想做将军，我也想做。』沈玉兴如是说。他20岁办厂，22岁组建皮革企业『托拉斯』，25岁成为当时桐乡市最年轻的乡党委书记……我们在汇总了沈玉兴履历表上的各项信息后，一致的看法是：沈玉兴就是一个具有改革者气魄和特质的异人。

是的，1979年，当乡镇企业接连倒闭时，才20岁的沈玉兴登高一呼，率领村民建起了更有规模的东田皮鞋厂，并把皮鞋品牌命名为『足佳』。后来的事实证明，青石乡的乡镇工业正是从东田皮鞋厂『足佳』这个品牌起步的。而沈玉兴从率领10多个农民贷款3000元起家，发展为青石乡经济效益最好的骨干企业，仅用了两年时间。

沈玉兴的创业路，远不像我们所想象的那样顺风顺水，而是在夹缝中求生存。那时，计划经济体制下的乡镇企业举步维艰。在计划经济下，什么都要凭票供应，皮鞋厂所需要的颜料、皮革和辅料的采购就十分困难。但这也让东田皮鞋厂的采购人员锻炼出了『四千精神』……头脑想得了千方百计；身体吃得了千辛万苦；双脚走得了千山万水；嘴巴说得了千言万语。

正是这『四千精神』，让东田皮鞋厂冲出计划经济的重围，经过几年的拼搏，『足佳』皮鞋在上海、北京等大城市里占领了半壁江山。

现在，足佳皮鞋在全国20多个省市建立了150多个销售网点，同行的评价是：『足佳皮鞋匠，三天出小样，五天大批量，七天上市场，足迹留四方。』而『足佳，足佳，走遍天下』的广告更是深入人心，青石成了远近闻名的『鞋乡』。

从艰难起步的乡镇企业发展成浙江省规模最大的制鞋集团，仅用了三、四年时间，沈玉兴成为远近闻名的『皮鞋大王』，他带领东田人的创业故事，一直是报纸、电台、电视台争相报道的焦点新闻。

那么，沈玉兴的成功有什么秘诀？采访中，他对我们说过这么一句话：『生活是生命的过程，工作是生活的重心，所以我从来不把生活跟工作分开。我要求我的团队也秉持这个理念。』也许，这就是沈玉兴的特质，也是他成功的奥秘。

沈玉兴的佳源房产经典作品——嘉兴英伦都市

访浙江佳源房产集团有限公司董事长沈玉兴——（情系东田 不忘初心）

VISITING ZHEJIANG JIAYUAN GROUP'S CHAIRMAN SHEN YU-XING — AFFECTION FOR DONGTIAN AND REMAIN TRUE TO OUR ORIGINAL ASPIRATION

◉浙江桐乡东田村　采录时间：二零一七年八月六日

不忘初心　感恩乡梓

在收获成功的今天，沈玉兴始终没忘记自己是东田村的农家娃，是东田村的大地养育了他，东田村的经历更是他一辈子的财富。沈玉兴说，东田的经历让他学会了很多，『最重要的是培养了我锲而不舍的精神，困难总是有的，当时办乡镇企业所遇到的困难，可以说是多如牛毛，堆积如山，但我从不轻言放弃；再就是艰苦奋斗的精神，事业要靠奋斗才能成功，而奋斗就不可能舒坦；第三让我有了雄心壮志和远大目标，人生要有梦想，有了梦想才会有动力，而梦想一定是可以成真的，当梦想成真时，那种感觉最是甜蜜。』

沈玉兴在２２年追梦道路上从不孤单，沈玉兴能有现在的成绩，他说离不开家人的陪伴与支持，离不开东田村前辈乡贤的培养与锤炼，更离不开东田全村百姓对他的信任。

乌鸦反哺，羔羊跪乳。功成名就之后的沈玉兴怀着感恩的心情，长期坚持对东田村进行回馈，包括慈善捐款，捐建小学，支持乡村建设，捐建生态、文化、旅游设施，为生他养他的东田村贡献力量，正如当年东田村润泽自己那样滋养着东田村。他的一系列善举，最受益的则是东田村的雏苗，现在他最大的愿望，就是要让下一代的东田人受到最好的教育，将来成长为社会之贤达、国家之栋梁。

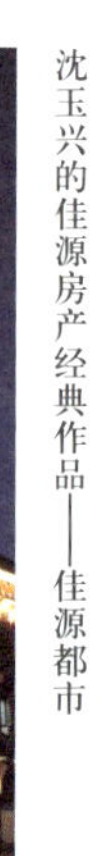

沈玉兴的佳源房产经典作品——佳源都市

沈玉兴的佳源房产经典作品——桐乡威尼斯酒店

VISITING ZHEJIANG JIAYUAN GROUP'S CHAIRMAN SHEN YU-XING — AFFECTION FOR DONGTIAN AND REMAIN TRUE TO OUR ORIGINAL ASPIRATION

访浙江佳源房产集团有限公司董事长沈玉兴——（情系东田 不忘初心）

◉浙江桐乡东田村　采录时间：二零一七年八月六日

展望未来　壮心不已

对于企业的未来，沈玉兴认为最重要的是顺应大势，跟上网络时代。他坚信，市场永远是残酷的，也永远是有困难的，但困难也永远是暂时的，前程永远是光明的。青年时办乡镇企业没钱，没有交通工具，没有颜料，那样的困难都挺过来了，今后的困难肯定也能挺过来。『关键是顺利时不要骄傲，遇到困难时一定要有信心。』

面对互联网时代，面对『地球村』的现实，沈玉兴始终要求自己的企业，要有独立思考的能力，要不断地去学习，学习别人的长处，学习新的知识，要不断地去实践，要敢于试水『互联网+』。

他坚信实业是国民经济的根基，实体经济是主，网络经济是宾，宾主之间可以互动、联动，但不能反客为主。只要把实体经济做好了，遇到多大的风浪，也都能立于不败之地。

结束采访前，沈玉兴寄语青年人：

第一，必须刻苦，这世界只有干出来的业绩，没有掉下来的钱，如果有掉下来的钱，也要你起早去捡，否则人家捡走了你没有；第二，不要把自己定位定得很高，识时务者为俊杰；第三，一有机会就要抓住，不要犹豫，机不可失，时不再来；第四，注重实干，实干才能兴企，实干才能兴邦。

我们站在岁月的肩膀上，透过历史眸子远眺，沈玉兴无疑是东田村的骄傲，更是我们这个继往开来时代的杰出代表。他的创业历史堪称传奇，他的慈善行动堪称典范，他的德操修为堪称楷模。

沈玉兴，他用２２年特立独行的创业史，为我们时代塑造了一个光彩照人的『弄潮儿』形象；我们期盼他以更加辉煌的业绩，成为我们时代上空一面高高飘扬的旗帜。

Holiday Inn
BY THE BAY

访俞敬忠教授——（农稼一生 育种万千）

ISITING PROFESSOR YU JING-ZHONG — FARMING AND BREEDING ALL THE LIFE

◉浙江桐乡东田村　　采录时间：二零一七年十月十三日

东田村人才辈出。上世纪三十年代末，在这个长期依靠农业经济维持着民生的小村落，诞生了一位享誉全国的农业专家：俞敬忠。

俞敬忠，1938年出生于浙江崇德县（今属浙江桐乡市）一个乡村教师家庭，他是国内著名农业科学家、棉花育种专家。

俞敬忠先后就读于崇德县立第一中心小学，浙江大学附属中学，杭州第二中学。俞敬忠幼年时便对生物学、植物学产生了浓厚兴趣，高中时参加了『生物兴趣小组』，立志『改良品种，振兴农业』。

1957年，19岁的他以第一志愿考入了南京农学院（今南京农业大学），攻读学校新开设的作物遗传育种专业，于1961年毕业。

大学毕业后的俞敬忠，工作几经波折，却始终从事自己所喜爱的与农业有关的工作。先是分配到江苏省泗阳县种子站，不久，因对育种工作有着强烈兴趣，他主动要求调到泗阳县棉花原种厂工作。当时的工作条件极为艰苦，那时正值『三年困难时期』，每天配给的口粮只能勉强果腹，但出于对育种工作真诚的热爱，他克服了孤身在外，得不到家人照顾的困苦，在异乡一路坚持着他的种子改良工作。

改革开放后，国家更加重视农业生产，俞敬忠这样稀缺的农业专家，成了国家重点关注和使用的人才。1978年，他参加了全国科学大会，近距离聆听了邓小平同志具有划时代意义的讲话。从此，俞敬忠先生伸开双臂拥抱我国科学事业的春天。

同年，他当选第五届全国人大代表，并被评为江苏省劳动模范。1983年，俞敬忠出任江苏省农林厅厅长，1996年起连续两届担任江苏省人大常委会副主任，并当选第八，九届全国人大代表，中共江苏省委第七、八、九届委员。1995年，经国务院学位委员会批准，他被聘为南京农业大学遗传育种学科的博士生导师，并担任中国农业经济学会副会长，农业部软科学委员会副主任。

改革开放后，俞教授在民生、教育领域多有建树，但他从未忘记自己的本职工作，一如既往对育种事业投入全部精力，不顾自己年岁已高，依然穿梭于田间地头，进行着他所钟情的育种工作。

俞教授一生在育种事业上硕果累累，他先后参与育成的『泗棉1号』『泗棉2号』『泗棉3号』等品种，相继成为长江流域棉区的主体品种。他还为粮油作物培育了一大批优良品种。俞敬忠长期担任农业部棉花专家顾问组组长，每年都带领棉花专家到全国各地棉区进行考察，总结经验，对我国棉花产业的发展起到了重要作用。他对『三农』的许多建议，也被中央所采纳，促进了我国农业的大跨度发展。

如今，俞教授已到耄耋之年，老人家依然精神矍铄，身体硬朗，并一直坚守在农业科学研究最前线。俞教授一生对农业、对育种的热爱，无人能与之比肩，这与他从小在乡村长大有关。上世纪三四十年代的东田，还是一个仅靠农业维持的小村落，俞敬忠童年便在田间阡陌上玩耍，他对田野和农作物，有着从骨子里透出的热爱。长大后，他将兴趣变为动力，又把动力变为志向，终将这个幼时的兴趣，发展成贯穿自己一生的能造福亿万民众的伟大事业。

俞敬忠教授是值得我们尊敬和钦佩的农业科学家，他身上所具有的奉献精神，更是我们后辈学习的榜样。

致敬，俞敬忠教授！

俞敬忠当选全国第八九届人大代表

俞敬忠（左）深入棉田进行育种试验

ISITING PROFESSOR YU JING-ZHONG | FARMING AND BREEDING ALL THE LIFE

访俞敬忠教授——（农稼一生 育种万千）

◉浙江桐乡东田村

采录时间：二零一七年十月十三日

俞敬忠伏案工作

俞敬忠（中）在棉田考察良种推广

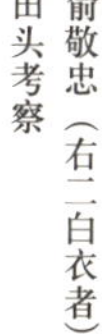

俞敬忠（右二白衣者）在田头考察

俞敬忠(左) 与著名科学家杨振宁在一起

ISITING PROFESSOR YU JING-ZHONG | FARMING AND BREEDING ALL THE LIFE

访俞敬忠教授——（农稼一生 育种万千）

◉浙江桐乡东田村

采录时间：二零一七年十月十三日

俞敬忠（右坐者）代表中方与外方签科技协作协议

俞敬忠（左四）与国外科技界同行交流

俞敬忠1994年参加全国杂交水稻专题研讨会

俞敬忠1996年进中央党校学习

CHUFENG GROUP'S CHAIRMAN SHEN XIN-HUA — FEMALE IS WEAK BUT DREAMS CAN BRING STRENGTH.

记楚峰鞋业董事长沈新华——（女本柔弱 有梦则刚）

◉浙江桐乡东田村　采录时间：二零一七年十一月六日

而立创业　艰苦备尝

沈新华，土生土长的东田村人。当改革东风吹拂下的东田村成了皮鞋之乡时，沈新华也搭上了时代快车，在创业大潮中激流勇进。

东田村第一家木跟厂创建时，她便在厂里担任仓库管理员，一当就是15年。15年后，企业要重新优化整合，沈新华便不得不下岗。她当了15年仓库管理员，真没去学过什么本事，『想想我身无技能，没办法，我就动动脑筋，先闯一番吧，失败了，我再去打工也不迟。』抱着试试的心态，1997年，30岁的沈新华走上了自己创办楚峰皮鞋厂的创业之路。

创业是一场关乎追逐梦想的行动，虽然它不是生命的全部，但足以改变人的一生，创业就像是一只蝴蝶在风雨中寻找鲜花的旅程。

沈新华也像一只蝴蝶，开始了自己的漫漫创业之途。『创业』两字的背后有着太多的血和泪，『厂是开了，但是一开始是真的辛苦呀，背后的眼泪你们不知道。』沈新华用凝重的语气把我们带回到了那个让她饱含血与泪又装满故事的岁月。

沈新华的楚峰皮鞋厂刚开张时，整个厂只有她和弟弟、妈妈三个人，很多事情都要她亲力亲为。可是沈新华对皮鞋制作是一窍不通。为了让皮鞋厂能够顺利办起来，沈新华开始学习制鞋技能。好在东田村是皮鞋之乡，有经验、有技能的师傅不缺。『求师问道』就成了初创时期沈新华的生活习惯，遇到有经验的老师傅就请教，还常常跑到人家家里，跑到其他厂里去问。除了询问有经验的老师傅，沈新华自己还买了不少皮鞋制作方面的专业书进行钻研；如有相关培训机会，现场肯定会有她的身影。

『不怕千万人阻挡，只怕自己投降。』沈新华虽为女子，但一旦扛起创业大旗时，她决不退缩，而是努力拼搏。

最让沈新华难忘的是厂子刚开的时候，她和弟弟用成型机怎么压都开胶，一直到凌晨三点多，仍没有解决脱胶问题。只好连夜找制鞋老手来分析问题，才知道是因为压力机压力调得不够造成的，几经周折，才将第一批产品送到了客户手中。每忆至此，沈新华笑着说：『当时真是快急疯了。』

创立之初，楚峰鞋业接不到订单，沈新华骑着摩托车上门去找生意谈，『以前家里没有轿车，就骑着摩托到处跑，东田的风冷得很哪，现在想想真是心里憋着一股劲儿。』

一分耕耘，一分收获。正是凭着这股拼搏的劲，沈新华最初靠着家里三个人起步的楚峰鞋业，现在已经发展到近30人的规模。现在楚峰鞋业已经与许多企业建立了长期合作关系，跟不少品牌企业也有生意往来。沈新华的楚峰鞋业虽然规模不大，却收到来自五湖四海的大量订单，『现在无论是旺季还是淡季，一年的收益基本是稳定的。』沈新华说，她最欣慰的时候是打出鞋样客户来订购的时候，『每到这个时候，我就忘了所有的累和苦，觉得我的付出都是值得的，口碑做出来了，被客户肯定的时候是我最有成就感的时候。』

沈新华经常客串质检员的工作，亲自检查每一双鞋的质量

沈新华秉持人性化治厂的方略，厂里工人都像她的兄弟姐妹一样

CHUFENG GROUP'S CHAIRMAN SHEN XIN-HUA — FEMALE IS WEAK BUT DREAMS CAN BRING STRENGTH.

记楚峰鞋业董事长沈新华——（女本柔弱 有梦则刚）

◉ 浙江桐乡东田村　采录时间：二零一七年十一月六日

一朝选择 便是钟情

对于当初选择开厂，沈新华丝毫没有后悔。尽管这些年创业路上有风险、有困苦、有劳累，但天道酬勤，让她收获了成功。

现在的沈新华，依然保持着创业之初养成的亲力亲为的习惯，在厂内，沈新华除了抓产品对接、材料输入和产品输出外，仍参与皮鞋的制作，沈新华自豪地说：『厂内所有的工序我都熟悉，在皮鞋销售旺季，哪里缺人我就会补到哪里，和员工们一起工作，一起完成一张张订单。』她经常会加班到子夜，就是为了能保质保量完成好订单。

草根起家的沈新华，始终抱着与员工共进退的治厂理念。她每天早上准时到岗，先把总经理的工作处理好，然后来到车间，看到哪忙不过来，就伸手去帮上一把。她对公司每一位员工的家庭、身体、手艺等情况了如指掌，尽心尽力关心着厂内每一位员工，为员工排忧解难；员工也都把沈新华的好记在心里，每个员工都会认真地做好自己份内的事。劳资双方一起分享完成任务时的喜悦，共同背负鞋厂发展的压力。她和员工之间的关系就是这样自然而温暖，她的企业办了十几年，好几个员工就跟了她十几年。

对于鞋厂，沈新华有着割舍不了的感情。

沈新华每天的主要工作就是开发新款和抓质量

沈新华的座驾是一辆红色宝马

事业有成、意气风发的沈新华

沈新华与宝贝儿子

记楚峰鞋业董事长沈新华——（女本柔弱　有梦则刚）

CHUFENG GROUP'S CHAIRMAN SHEN XIN-HUA | FEMALE IS WEAK BUT DREAMS CAN BRING STRENGTH.

◉浙江桐乡东田村　采录时间：二零一七年十一月六日

付出艰辛　收获成功

从19年前起，鞋厂就是沈新华30岁以后的人生舞台。舞台上有喜悦，也有辛酸，遇到过工人短缺的困窘，碰到过工人懈怠而带来的质量问题，经历过太多的压力。『有多少次，我都想要放弃，压力大呀。』年近五十的沈新华坦诚道。

『但是选择这条路，我不后悔』如果当初没有利刃断铁的勇气走上办厂这条路，沈新华也许不会收获今天这样事业有成、家庭和谐的美好生活。尤其是她教子的成功，一直为乡亲们所称道。『很多人都说我把儿子教得好，这是我最欣慰的一件事。』沈新华时常教育儿子，『自己的价值靠自己创造，不是别人能给你的。』

女本柔弱　有梦则刚，在结束对沈新华采访的时候，我们脑际忽然冒出了『苦心人，天不负，有志者，事竟成。』这句古训，望看她那意气风发的笑容，听看她那坚定自信的语气，我们深为沈新华的成功而赞叹。沈新华的成功不仅仅是办厂的成功，而是事业和家庭两方面都成功；办企也不仅仅是做出了品牌，还在于收获了员工的心。不得不承认，做人的成功才是沈新华真正的成功。正如她自己所说：『我不跟别人比，只跟自己比。』

沈新华的创业经历，也是许多东田村创业者都有过的经历，虽然艰辛，但都未放弃，他们在为消费者提供更多、更舒适的皮鞋的同时，也在收获属于自己的美丽人生。

年青时的沈新华很青涩

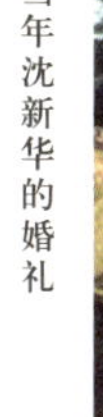

当年沈新华的婚礼

沈新华与丈夫

沈新华和和美美的一家

读书是沈新华人生的一大爱好

TRADITIONAL CHINESE PAINTER SHEN XING-LIN | FROM VILLAGE KID TO GRANDMASTER REQUIRES THOROUGHLY TEMPERED

记国画家沈杏林——（村童千锤终成大师）

◉浙江桐乡东田村　　采录时间：二零一七年十一月十五日

东田人杰地灵，近代以来，东田村孕育了一批在各个领域内颇有建树的杰出人物。画家沈杏林，便是其中之一。

沈杏林，号崇德轩主，别号江南阿林，1967年出生于浙江桐乡洲泉镇东田村，现为中国国家画院郭石夫工作室画家、浙江现代画院画家，浙江省国际美术交流协会会员，湖州市美协会员，作品曾多次发表于《美术报》等专业报刊。

沈杏林从小便钟情于作画，往往肆意涂鸦在书本之上，幼时的涂鸦之作，已颇见灵性与神韵。少年之时，沈杏林师从著名艺术家王成喜先生，画技得到了进一步提高。

后响应国家号召参军入伍，在部队，喜爱作画的沈杏林主动承担了出黑板报，画黑板画的任务。比起幼时的书本，部队的黑板不知大了多少倍，这无疑为沈杏林的作画提供了更大的创作空间。

退伍后，沈杏林的丹青水平已有显著提高，2013年，他北上北京参加高级研修班，师从郭石夫先生精研国画，在郭石夫先生那里，他得到了正规而又系统的国画学习。次年，沈杏林随郭石夫与国内众多知名画家赴美进行学术交流，这次远赴大洋彼岸，开阔了他的眼界，学到了当代西方笔法，为其后形成了『笔墨精妙、气象清新』（著名书画家袁道厚先生评价）的创作风格奠定了基础。

沈杏林在京学成回到家乡后，便开设了自己的工作室，画作传遍乡里，享誉全国。

沈先生作品多为花鸟、山水之画，其画作『金石浑固，生机盎然』，隐约有清末民初书画大家吴昌硕先生之遗风。这与他博览群书，喜好交友不无关系。二十多年来，沈先生东进上海，西去西安，南下广东，北上北京，为提高画技四下求学，才有如今这特立独行的沈杏林。

沈先生画的花卉，多为梅、兰、竹、菊、牡丹、桃花、藤蔓，他从中寻找与自身品格相契的灵感，因而他的画作缥缈而又灵动，望之生机盎然，令人爱不释手。而鸟兽、山水之作亦是如此。

在名人辈出的东田村，沈杏林先生用他手中的画笔为东田村涂抹了一道道极具个性的、鲜明亮丽的色彩。沈杏林先生能达到这样高的艺术成就，跟他幼时从骨子里透出的对画画的热爱有关。在当今社会里，一个人为了自己幼时所钟情的艺术而甘愿付出一生努力的精神，值得我们尊敬，更值得我们学习。

沈先生的传奇人生，及他身上所展现的人文精神，向我们展示了东田人积极向上、坚持不懈、奋发努力的宝贵精神，彰显了东田村民的人文内涵和文化底蕴。

沈杏林先生是东田村艺术和人文素养的典型，我们期待着在沈先生艺术人生的启迪下，将来有更多的村民为东田『代言』。

潜心作画时的沈杏林

沈杏林先生在写生

TRADITIONAL CHINESE PAINTER SHEN XING-LIN — FROM VILLAGE KID TO GRANDMASTER REQUIRES THOROUGHLY TEMPERED

记国画家沈杏林——（村童千锤终成大师）

◉ 浙江桐乡东田村

采录时间：二零一七年十一月十五日

沈杏林先生在精心作画

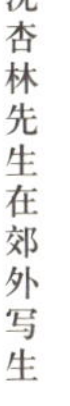

沈杏林先生在郊外写生

東風十里弄晴暉
歲在丙申新春吉日德崇鄉
沈杏林寫

记国画家沈杏林

——（村童千锤终成大师）

TRADITIONAL CHINESE PAINTER SHEN XING-LIN | FROM VILLAGE KID TO GRANDMASTER REQUIRES THOROUGHLY TEMPERED

浙江桐乡东田村

采录时间：二零一七年十一月十五日

沈杏林先生画作欣赏

记国画家沈杏林——（村童千锤终成大师）

TRADITIONAL CHINESE PAINTER SHEN XING-LIN — FROM VILLAGE KID TO GRANDMASTER REQUIRES THOROUGHLY TEMPERED

◉浙江桐乡东田村

采录时间：二零一七年十一月十五日

沈杏林先生画作欣赏

誰人不愛牡丹花占斷城中好物華疑是
洛川神女作千嬌萬態破朝霞
歲在丙申新春吉日沈杏林

记国画家沈杏林——（村童千锤终成大师）

TRADITIONAL CHINESE PAINTER SHEN XING-LIN | FROM VILLAGE KID TO GRANDMASTER REQUIRES THOROUGHLY TEMPERED

浙江桐乡东田村

采录时间：二零一七年十一月十五日

沈杏林先生画作欣赏

谁人不爱牡丹花占断城中好物华疑是洛川神女作千娇万态
破朝霞
丙申春月沈杏林写

紫雪飘来
丙申春月杏林写

记国画家沈杏林——（村童千锤终成大师）

TRADITIONAL CHINESE PAINTER SHEN XING-LIN | FROM VILLAGE KID TO GRANDMASTER REQUIRES THOROUGHLY TEMPERED

◉浙江桐乡东田村

采录时间：二零一七年十一月十五日

沈杏林先生画作欣赏

第四章 我们村里的年轻人

YOUNGLING IN OUR VILLAGE

记年轻人赵鹏

记年轻人费煌栋

东田后辈 志在千里

MAJBAOLJAN MAJBAOLJAN
MAJBAOLJAN MAJBAOLJAN
MAJBAOLJAN
MAJBAOLJAN

INTERVIEW YOUNG PEOPLE:ZHAOPENG | RIGINALITY FORGED M·BERRY

记年轻人赵鹏——（匠心铸就『迈宝莲』）

◉浙江桐乡东田村　采录时间：二零一七年十一月二十八日

成就精品『迈宝莲』

一个优秀的企业一定会有自己的口碑与品牌，东田村迈宝莲鞋业负责人赵鹏对于品牌形象和品牌风格的不懈追求，向我们诠释了何为工匠精神。

2005年，赵鹏25岁，这年他开办了自己的鞋厂。从一开始，赵鹏没有把目光局限在仅仅为了满足市场而生产仿造皮鞋。从选择考究的材料，到坚持精湛的工艺，他一直在为品牌创立打基础。

2012年，赵鹏创立了自己的品牌『迈宝莲』。秉持『不求数量，注重质量，做出风格』的理念，『迈宝莲』声名鹊起。

如今『迈宝莲』投放市场已五年。当初取这个品牌的灵感来自『美宝莲』，赵鹏的鞋厂主要做女鞋，为显女性足之美，便有了这个品牌。『但真正要形成一个品牌，不仅仅是取一个名字就能解决的。』

不同于大多数开鞋厂的人走仿造便能轻松赚钱的路，赵鹏立志要做出自己的风格，做出自己的品牌。从投身鞋业这天起，如何做出自己的品牌和风格，是赵鹏面临的难题，也是他一直思考的问题。

路漫漫其修远兮，他上下而求索。五年来，赵鹏一直在『迈宝莲』女鞋风格的形成、建立上探索前进。在探索过程中，赵鹏坚持，不管淡季还是旺季，每一季对一个牌子、一个款式的投放，都是限量的，这样慢慢就把『迈宝莲』的品牌风格形成了。对于款式，赵鹏同样投入了大量时间去研究，他从各种时尚杂志相关书籍中找元素、找素材，每个季度起码要去广州学习两趟，回来后，自己再综合思考，组合变动，推出自己的新款。在赵鹏看来，『鞋子和衣服不一样，鞋子除了款式还有更大的形体要求。』赵鹏在款式研发方面的独特心得，让迈宝莲女鞋在形体方面拥有明显的优势。

左图：追求工匠精神的年轻人赵鹏。

赵鹏亲自拍摄『迈宝莲』广告

赵鹏对每一双『迈宝莲』皮鞋都倾注了全部感情

INTERVIEW YOUNG PEOPLE:ZHAOPENG | RIGINALITY FORGED M·BERRY

记年轻人赵鹏——（匠心铸就『迈宝莲』）

◉浙江桐乡东田村　采录时间：二零一七年十一月二十八日

匠人匠心铸品牌

对于皮鞋这种易耗品来说，外观肯定重要，但穿着的舒适度更为重要，所以单单追求外观，无法生产出让顾客真正满意的产品。

在这个物欲横流追逐潮流的时代，赵鹏却有着别的商人所没有的匠人情怀。所有让顾客满意的迈宝莲皮鞋，都是他深入了解顾客需求后，站在客户的角度去设计出来的产品，而不是去模仿杂志上那些由明星代言的产品，或者是网络上的网红产品。

现在，迈宝莲已经收获了一批固定顾客，也跟许多品牌厂商建立了长期合作关系。『做出了自己的风格，并且受到客户的肯定，这也是对我的肯定』赵鹏说道。

在品牌创立过程中，赵鹏有过许多尝试，也走过弯路。最初的迈宝莲也曾混入了大流，几经失败后，赵鹏悟出了『企业的竞争力源于企业对顾客的吸引力，这就需要一种属于你企业的风格，这风格若是符合顾客的审美观，这个品牌就会长远存在。』认识到了这点后，『做出自己的风格』就成了赵鹏一直坚守的企业原则。

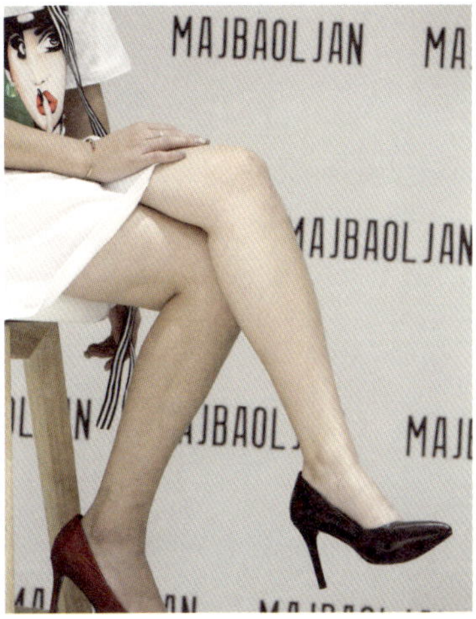

『迈宝莲』皮鞋让时尚女性更显翩翩风度

工人用匠心在制作『迈宝莲』皮鞋

又一款新鞋在赵鹏手里问世了

INTERVIEW YOUNG PEOPLE:ZHAO PENG | RIGINALITY FORGED M·BERRY

记年轻人赵鹏——（匠心铸就『迈宝莲』）

◉浙江桐乡东田村 采录时间：二零一七年十一月二十八日

鲲鹏展翅九万里

『迈宝莲的定位就是成熟女性，』针对的就是小众人群。这些年赵鹏用心去分析、研究小众人群后，现在赵鹏公司的鞋子越做越单一，而随着赵鹏对这个小众人群的理解、思考越来越深刻，公司做出的鞋子无论在款式还是在形体上，越来越有『迈宝莲』的品牌味道。

在赵鹏看来，鞋子也是有生命的，凡以匠心去琢磨、去设计、去思考后做出的鞋子，必是匠人心血的结晶，是匠人生命的外延，所以，『一双鞋子你要用心去感受它』。赵鹏在设计皮鞋时不会只考虑这双鞋能给他带来多少盈利，而更多考虑这款产品会不会违背自己品牌的一贯风格，会不会与之前设计的产品风格有所冲突。他认为同一品牌的不同款式之间，应当是互补和互相提升的。

不同的企业家对自己的企业会有不同的定位，赵鹏就是一个把塑造自己品牌风格奉为圭臬的企业家。他深知一个企业长久的竞争力，不是靠博单款鞋品的一时走红，而是来自于企业一以贯之的，又能被消费者认可的产品风格。因此，现在的赵鹏每天都会给自己一个安静的时间去感受鞋子，思考鞋款，这样做的结果是，他对鞋子有了比其他鞋老板更深层的、更具人文意义的一种感觉。正是有了这种感觉，才让他和『迈宝莲』有了领先行业的资本。

我们衷心希望赵鹏是只大鹏鸟，能『扶摇直上九万里』！

郑鹏对『迈宝莲』皮鞋的市场前景充满信心

现在的赵鹏每天都会给自己一个安静的时间去感受鞋子思考鞋款

费煌栋大学毕业后回东田村接棒鞋业，利用学到的信息管理方面的专业知识“借网开道”

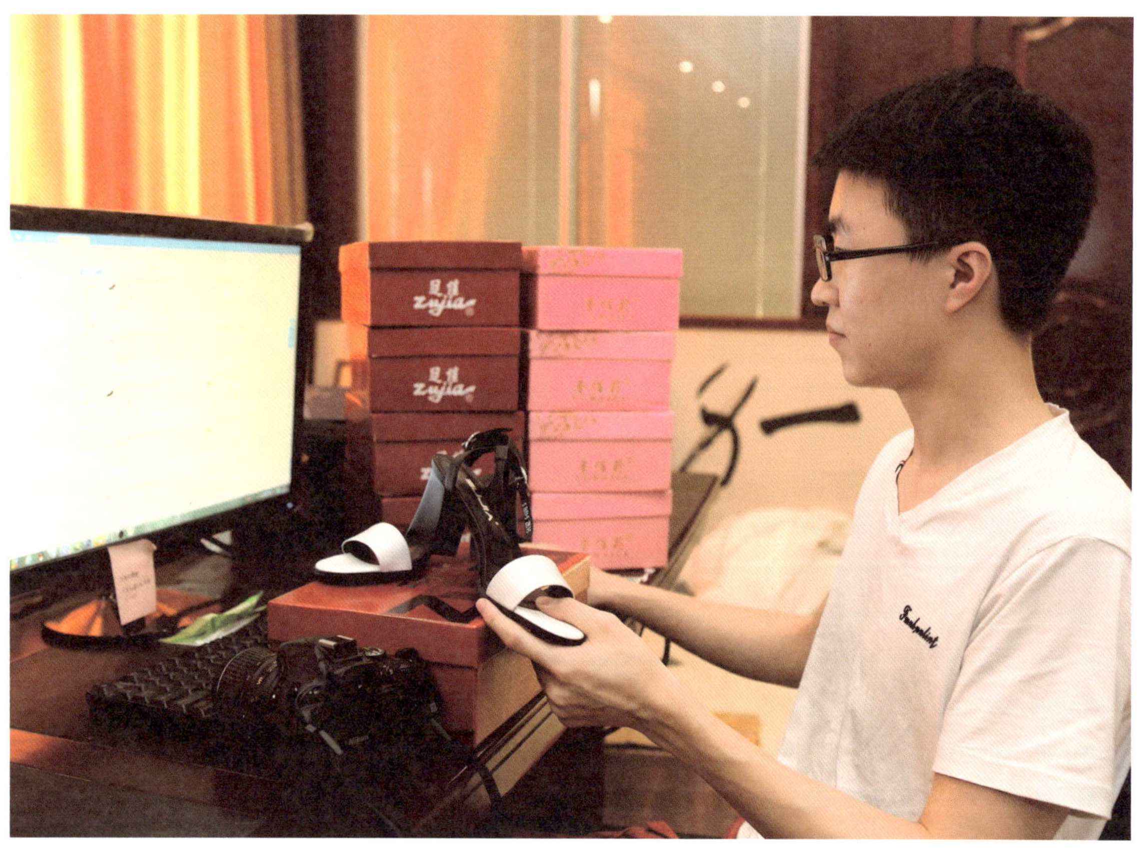

INTERVIEW YOUNG PEOPLE:FEI HUANG-DONG — DONGTIAN HAS A NEW BACKBONE AND A BRIGHTER FUTURE

记年轻人费煌栋——（东田新栋梁 前程更辉煌）

◉浙江桐乡东田村 采录时间：二零一七年十一月十八日

接棒鞋业 借网开道

费煌栋，在大学学的是信息管理专业。毕业时正是风华正茂的岁月，他想去外面闯出自己的一片天地。但费煌栋家里就有一家企业，父亲费金伦开创的三峰鞋业公司，自1996年创建以来，经历了风雨无数，如今正面临着企业销售模式的转型，转向哪里，如何转型，是三峰鞋业也是东田村多数传统皮鞋企业正在思考的问题。

作为东田村的年轻人，这根接力棒需要他好好地接下来，于是他选择了回家乡创业。回到东田村，费煌栋先开了一个鞋店，销售三峰鞋业的品牌鞋，并从中学习、积累关于『鞋』的知识和经验。此时的他，在技术、经验、能力等方面都很欠缺，需要慢慢地去掌握、去实践。真可谓『不积跬步无以致千里，不积小流无以成江海。』

新婚妻子与费煌栋一起分享创业成功的喜悦

费煌栋从实践中学习、积累关于『鞋』的知识和经验

新婚妻子是费煌栋创业路上的好帮手

费煌栋经常下车间检查产品质量

记年轻人费煌栋——（东田新栋梁 前程更辉煌）

INTERVIEW YOUNG PEOPLE:FEI HUANG-DONG — DONGTIAN HAS A NEW BACKBONE AND A BRIGHTER FUTURE

◉浙江桐乡东田村 采录时间：二零一七年十一月十八日

店网联动 如虎添翼

现在网络销售已经成为趋势，这对东田村传统的靠门店销售的模式造成了冲击。作为新一代的东田村人，费煌栋目睹了网络销售日益普及的现状后，深深感到，自己要把东田村皮鞋产业带进新时代的责任的重大和使命的艰难。

老一辈东田鞋老板往往是根据他对市场的直觉去判定一款鞋的销售潜力，然后往里面砸很多钱的不太科学的销售模式。而费煌栋毕竟是大学信息管理专业的毕业生，他发挥自身专业优势，利用大数据概念，在对三峰产品的品种、款式、舒适度、坚固性，以及消费者的地域分布、男女比例、年龄特点、喜好选择等多方面的数据进行了科学的解析和数字化后，放到微信、淘宝等网络平台上销售。

由于是2007年9月才进入网络销售，其时网店正处于饱和状态，这对费煌栋兴致勃勃着力开发的网络销售渠道是个挑战。如何在众多的网店中脱颖而出，成了费煌栋需要认真思考、认真应对的一大难题。通过向专家咨询，再结合市场调查分析，他很快找到了对策。『网店应当用分众的理念去经营，一些店针对一种人，另一些店则针对另外一种人，而且我们得明白，喜欢逛网店的主要是青年男女。』

有了这样对消费者群体的细分，费煌栋将网店的服务对象锁定到了青年男女身上，网店销售品种也主推那些时尚感强的新款。这样有针对性的网店一开，销售业绩蹿升很快。

市场反馈来的信息又促进了三峰的产品结构调整，以往三峰以生产中年女性皮鞋为多，费煌栋根据网店的数据分析得出的结论，及时调整产品比例，让三峰鞋业的品种结构更加合理，也更加适销对路。

在费煌栋看来，网店的兴起也不能排斥实体店，因为毕竟还有相当大比例的中老年消费者不喜欢或不会上网，所以实体店还得保留，只是陈列的品种应以中老年群体喜欢的品种为主。

可喜的是，费煌栋接手三峰营销不到一年，便确立了以网店为主，网店、实体店联动的全新营销模式，让三峰的销售有了明显起色。

黄小强，33岁，初中毕业，现从事模具制作，理想：多挣点钱

石晶晶，23岁，初中毕业，现从事鞋邦生产。愿望：把活干好

陈妙，35岁，初中毕业，现从事皮革批发，愿望：希望一家人平平安安

小高，25岁，高中毕业，现从事皮鞋销售，理想：通过卖鞋当老板

盛超，21岁，初中毕业，现从事鞋底抛毛。理想：当公司老板

他们是东田村有志创业年青人

吴枫，24岁，高中毕业，现从事鞋盒包装，理想：当理发店老板

THE JUNIORS OF DONGTIAN WANTS TO DO MORE | NEW GENERATION OF DONGTIAN PICK UP THE RELAY

东田后辈 志在千里——（东田新一辈接棒登高峰）

浙江桐乡东田村 采录时间：二零一七年十一月二十日

东田村皮鞋产业在老一辈企业家的辛勤浇灌下，已经大放异彩，现在这根接力棒逐渐传递到年轻人手里。新的时代、新的使命，在网络化，信息化，全球化的新时代，村里的年轻人将手擎接力棒，再攀新高峰。

他们是东田村有志创业年青人

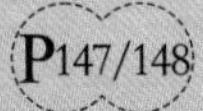

第五章

绿色产业 生机无限

EGREEN INDUSTRY HAS BOUNDLESS VITALITY

华腾牧业——（绿色产业 生机无限）

HUATENG FARMING | GREEN INDUSTRY HAS BOUNDLESS VITALITY

◉浙江桐乡东田村　采录时间：二零一七年五月一日

春和景明，惠风和畅。我们一行驱车前往华腾牧业的『猪舍里庄园』，远远望见董事长沈建平先生在庄园门前迎候。

下车后，沈建平先生带我们沿长廊入园，长廊一侧是涓涓细流，一侧是华腾牧业的展示窗。踏进园门便看见一块醒目的实时环境检测板，上面数据一目了然。走过风车阵，踏过木板长廊，只见工人正在改良后的地里播种荞麦，另一畦地里的荞麦已返青。两个月后这里该是荞麦花随风起舞的景象了。隔着荞麦田，便是猪舍了。

华腾的猪舍不同于其他地方的低矮棚屋，倒像是错落有致的休闲农庄。沈建平先生见我们面有狐疑，便轻声道：『我们的猪从出生到出栏，都圈养在无菌大棚里，不让它见阳光。大棚里24小时自动控制棚内的湿度、空气。』是的，华腾饲养的猪与其他地方的猪模样相同，但华腾猪的猪舍、生长环境却与其他地方完全相异。

我们移步来到华腾牧业展厅参观，看见门前有一方水池，池里锦鲤徜徉。沈建平先生说：『这水便是猪尿过滤后的水，无毒、无异味，可以直接养鱼。』陈列在展厅里的肥料吸引了我们的目光，我们仔仔细细观看着一件件物品，体会着猪粪经过处理，变成毫无异味的花植肥料的神奇！在华腾，猪粪不再是让人闻之捂鼻的农家肥，而是可以进行深度开发利用的一种资源。华腾牧业的衍生产品也陈列在展厅里，可谓琳琅满目。

华腾牧业董事长沈建平先生

一有空沈建平便到『猪舍里』庄园里享受创业成功的喜悦

看到华腾牧业不断问世的绿色环保新产品，董事长沈建平先生由衷地笑了

华腾牧业董事长沈建平先生视察『猪舍里』庄园

华腾牧业董事长沈建平创业初期使用过的自行车

华腾牧业——（绿色产业 生机无限）

HUATENG FARMING — GREEN INDUSTRY HAS BOUNDLESS VITALITY

◉ 浙江桐乡东田村　采录时间：二零一七年五月一日

看见华腾牧业的今日，我们对华腾充满了好奇心。便向沈建平先生询问华腾的发展历史。沈建平先生便向我们谈起了他的经历。

70年代，沈建平家是东田村里家徒四壁，穷的叮当响的农户，由于家庭经济窘迫，一分钱都需要掰成两瓣来花。别人眼里不起眼的一分钱，沈建平则要珍藏起来，要用于购买读书必需的铅笔。

穷则思变。沈建平17岁开始向中国农业大学教授学习养鸡，18岁时凭着借来的1000元，和朋友在鱼塘里试种水稻。他白天在鞋厂工作，晚上整理田地。几个月后，鱼塘水稻长势喜人，被种子公司相中，以0.7元/斤价格收购。当时水稻市价才0.1/斤、0.2元/斤。

鱼塘种稻让他得到人生的第一桶金——10000元。其中有欢欣也有痛苦，那时稻田里蚂蟥肆虐，会趁着夜色爬到人的腿上，又痒又痛，可为了抓时间，也顾不上去驱赶蚂蟥。有天晚上他到家后，用双手在腿上从上到下使劲一搓，居然搓出了一小瓶子的蚂蟥。

正当养鸡有序进行时，谁知天意弄人，20岁那年，因为养殖经验缺乏，冬日给鸡棚烧火取暖时没有把控好，造成二氧化碳浓度过高，一万只鸡都无声无息死掉了。希望没有了，连饲料钱也没法付清。人生不如意事常八九，面对挫折，他重振勇气，从头收拾旧山河。

经过慎重考虑，沈建平又借了几百元，再次白手起家，可时运还是不济。年关将近，大雪纷纷，正当鸡快要出栏了，一年的盼望也该有收获时，可由于鸡场离公路太近，被歹人盯上，一夜间偷走上万只，留下一地鸡毛和注定悲伤的年关。命运如此多舛，忍痛才能前行。

华腾牧业董事长沈建平先生视察生猪养殖场

沈建平被《浙商》杂志评为2018年度『全球浙商』金奖人物后接受采访

沈建平被《浙商》杂志评为2018年度『全球浙商』金奖人物后上台领奖

沈建平一有空就去华腾牧业生猪养殖场当一回饲养员

华腾牧业的生猪养殖场景

华腾牧业的这些绿色环保产品是市场上的抢手货

华腾牧业——（绿色产业 生机无限）

HUATENG FARMING | GREEN INDUSTRY HAS BOUNDLESS VITALITY

◉浙江桐乡东田村　采录时间：二零一七年五月一日

在那个交通不便、信息闭塞的年代，沈建平的鸡要自己运到杭州去卖。道阻且长，为了赶上早市，不得不凌晨两三点就从家出发，用自行车驮着三笼近300斤的鸡到杭州市场去。拱宸桥是必经之路，可是桥面陡峭，只能推车过桥，即使大雪纷飞的时候，也是如此。沈建平的双手正是在那时受了冻伤，冻疮如今都清晰可见。

当问及华腾牧业品牌的来历，沈建平讲述了他在办饲料厂时的际遇。为了寻求好原料，在北方四处寻找，最后中意山东枣庄的华腾面粉厂，他每隔两到三天便去枣庄进一次货。路途遥远，他先得从桐乡乘汽车到苏州，再换乘火车到枣庄。每次出发时他带上样签和只够吃干粮的一点钱，为了省钱，沈建平买的是坐票，有次，他身上的样签被铁警误认为是凶器，而被关在厕所里整整一晚上，第二天让人辨认后才放行。每次20小时的车程，让沈建平困顿不已，一到枣庄又得蓬头垢面地去进货。面粉厂的华老板很钦佩他的敬业和执着，也同情他的艰苦创业，于是请沈建平喝酒，华老板说：『你以后可以先进货，在杭州卖出去了再拿钱过来。』他乡遇知音，沈建平喝醉了，是被华老板抬上返乡的火车。在故乡异乡来回奔波的他，一次倾诉衷肠的酒，让两人结下了深厚的友谊。可惜在他们相识七个月后华老板去世了。为了纪念华老板，沈建平便把华腾的商标买下来了，以后也没再改变过商标，沈建平更将华腾推向杭州、浙江、全国、世界。

华腾牧业的『猪舍里』庄园

春意盎然的华腾牧业·嘉华牧场一角

华腾牧业的生猪养殖场景

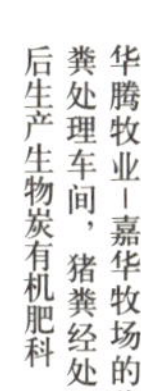

华腾牧业-嘉华牧场的猪粪处理车间，猪粪经处理后生产生物炭有机肥料

华腾牧业的生猪养殖场全部在『果壳视界智慧农业感知管理系统视频』监控下运营

华腾牧业采用『果壳视界智慧农业感知管理系统视频』监控公司的自动化运营

时任浙江省副省长黄旭明一行到华腾牧业视察

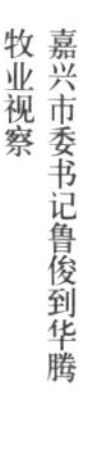

嘉兴市委书记鲁俊到华腾牧业视察

华腾牧业——（绿色产业 生机无限）

HUATENG FARMING | GREEN INDUSTRY HAS BOUNDLESS VITALITY

◉浙江桐乡东田村　采录时间：二零一七年五月一日

虽然一路过来浮浮沉沉，但沈建平终于在多条路途中找到最适合他的那条创业路。

３０岁，他随钱村长到欧洲参观农业，见识了欧洲养殖业的先进之处，在赞叹欧洲农业先进的同时，凭着在国内养殖业爬摸滚打十余年的敏锐直觉，沈建平意识到：欧洲现有的养殖技术和设备正是国内完全没有的，国内充斥着滥药，注水等乱象，过不了多久，养殖业便会陷入窘境。１０多年后中国养殖市场会主动迎接欧洲的健康养殖技术和拥有高科技含量的养殖企业。

于是，沈建平力排众议，高薪聘请马克先生到华腾当技术顾问，生产『无抗』饲料。当下，中国养殖业不只是饲料问题，中国的水、土壤都因长久的、过量的用药而受到了污染，此时华腾生产『无抗』饲料，无疑又是遥遥领先了国内的养殖业。员工们看到了华腾现在位于行业的顶峰位置，渐渐明白了沈建平当时的良苦用心。

不得不提的是华腾在科技方面的投入力度。华腾近年从国外进口设备，再经过本企业职工的探索，诞生了全新的『果壳视界系统』，这是自动化与管理之间的强强联合，几人就可以轻松养猪一万头。

现在，位于浙江安吉的华腾牧业『猪舍里』正在紧锣密鼓地建设中，即将竣工投产，今天的华腾牧业已从单个养殖厂成为养殖界屈指可数的大企业，我们应当为华腾的成功喝彩。

在大数据和『互联网＋』的科技大潮下，华腾牧业正在构想一幅『手机客户端养猪』的蓝图。这是一项推广绿色养殖、确保百姓肉食安全的根本性的举措。因为是走在了前端，所以前方没有高人指点，这就需要华腾牧业放远目光，坚定地走下去。

华腾的路还很远，更多的故事还需后人来续写。

华腾牧业-嘉华牧场将猪粪处理后生产的生物炭有机肥料。

华腾牧业员工在巨大的暖棚中『伺候』生态环保的庄稼。

华腾牧业『猪舍里』庄园内景。

华腾牧业『猪舍里』庄园里的大王莲。

华腾牧业的生态牧业的大片发展用地。

括村庄的历史沿革、历代建制、祖籍家谱、族谱、书信、口述、神话传说、历史图像、谋生方式，等等在内的文化现象作详细收集、查阅了解，以便熟悉情况，更准确敏锐地把握当地的人文生态。

二、开始阶段

先以生态文化为指导，借用人类学田野调查的理论与方法，制定详细的拍摄计划；再以影像+影视的手段表现人类生存状态的变化。用以记录、展示和诠释一个对象地的文化，或尝试进行跨文化比较，常见的手法是采用照片和影像的拍摄以及多媒体后期制作。

三、实地调研拍摄阶段

进入实地调研拍摄阶段时，要看看先期制定的调查方案与调查地的实况是否相结合？如果出现不一致的情况，必须根据相关预案进行必要的调整，从而形成新的构思，这是生态影像田野调查所必须的。

四、调研拍摄中期再论证阶段

本次调查的综合讨论，旨在加深对调查主题的理解，以及厘清进入调查地的观感体验，对各个成员的图像记录内容从不同角度和各个视点做分析讨论，对调查的构思、方法、目标重新予以审视后作及时调整。特别强调了视频记录的重要性。因为仅有图片，还不能对事物和事件进行完全与精确记录，很多内容稍纵即逝，而视频可以大大增加资料的细节表现和丰富性。

五、写出调查报告阶段

实地调查结束，并不意味着整个任务的完成。在撰写调查报告时还要和被采访者和当地保持密切联系，不断补充和完善调查资料，使调查结论更加可信。

此次对东田村的影像调查，在于培养学生在实际场景下的考察与体验过程，刺激学生对当今摄影的全新理解，培养学生对社会的关注，特别是引导学生运用手中的相机对当下乡村文化、人文地理进行深入纪录和理性思考的能力。

作为浙江农林大学艺术学院摄影系主任、『生态影像调查』项目的负责人，我希望通过这次教学科研项目，架构出新的摄影研究体系和理论基础。借此次机会，我想向参加『生态影像调查』的所有成员表达我的感谢，是他们，以手、脑并用的辛劳，创造了《中国美丽乡村生态影像调查第一辑——东田村》的诞生。在此谨向浙江农林大学艺术设计学院、东田村村委会、嘉兴影上书房等单位和机构表示诚挚谢意。王新妹女士、费金伦先生、张蔚飞先生、陈庆港先生、李渭钫先生对本书的出版也付出了极大的心血，在此一并感谢。

沈治国

2018年1月5日

后记

用影像捕捉、纪录某个点（或线、或面）后，再经思考与判断，最终以典型的影像语言反映当代世界的生态环境和社会发展状况，即『生态影像调查』的做法，是浙江农林大学艺术学院摄影系重要的教学科研项目，也是当代社会科学研究中的重要路径。

2013年5月，艺术学院摄影系将传统的风景摄影课程列为摄影教学改革切入点，改以农业摄影作为摄影教学的核心，进行规范的教学实践，至今已有6年时间。这次对浙江桐乡东田村的调查，是一次对教学改革后的摄影系的教学成果检验，也是一次将系统性、持续性与学术性相结合的全方位的、深层次的『教改』再登攀行动。

东田村位于浙江桐乡，这里人杰地灵，改革开发初期，村里有一批有志之士带领全村人民，自力更生探索创新、创业之路。今天，全村百姓生活富裕，安居乐业，是改革开放40年间，中国美丽乡村建设的缩影和典型代表，也是人类生态文明的生活样本。这次摄影系数十位师生携手国内知名摄影家、嘉兴『影上书房』王新妹馆长等名师、名家，经过近三年时间的深入村庄，采用当下流行的田野调查方法，对东田村的乡土文化、自然环境、经济结构、生活状况等现状，进行了全方位的『影像调查』，将捕捉到的原生态事像，经权威专家指导后，撰写成调查报告后成书出版。其意义在于，大学生用『影像调查』的方式与国家机构一起，总结『美丽乡村建设』的发展规律，将教学改革行动提高到国家层面，可谓开创了国内高校系统的先例。

在国内一些高校中，摄影教育还停留在拍摄自然的表象为主，而对于记录城市乡村变迁的生态影像调查却严重滞后。原因主要是在教育理念上，仍然用传统唯美的观念来引导学生。这种教学观念带来的直接后果是，造成了学生不习惯用思考的头脑去关注复杂的自然和人化的自然，拍摄的照片都是风花雪月，和我们这个时代完全脱节。

上世纪60年代，西方发达国家已经完成了工业现代化和城市化。1962年美国出现一本惊世骇俗的书《寂静的春天》，首次提出现代化的环境问题，引领了西方环境理念的兴起。1973年居伊・德波出版了《The Society of the Spectacle》（中译书名《景观社会》），抨击了社会景观的异化问题。对于资本主义现代化进程中未曾预料到的后果，摄影师们对大场景的异化景观，采取冷静反思和批判的态度，用摄影作品发出对社会的一种声音和期望。

《中国美丽乡村生态影像调查第一辑——东田村》，这本著作所有的照片均摄自最真实的历史场景和生活原型，因此，这是一部完整、翔实的中国乡村影像文献。也因此，本次由浙江农林大学摄影专业、中文专业等学生组成的『影像调查』教学科研活动，不仅科学严谨，且是学术性的。作为浙江农林大学『影像调查』教学科研活动成果的《中国美丽乡村生态影像调查第一辑——东田村》之所以成功，跟校、院两级领导的具体指导和事先制定了翔实的实施计划分不开。

一、准备阶段

与通常的田野调查不同，生态影像田野调查在开始调查之前，除了先对东田村作历史文献调查之外，还需对该村的生态环境、人文环境有较为深入的了解。一方面要通过图书馆、网络等渠道收集和阅读相关资料；另一方面，作为一种可供解读的文本，要对东田村包括人文景观、生活习俗、地域概貌、村民生存状态、经济状况、物产特产、交通状况、人口流动，包

内容提要

这是一本记叙改革开放四十年来美丽乡村建设成果的史册，也是一本体现高校摄影专业教学改革成果的著作。浙江农林大学师生用“影像调查”方式，记录了经济发达地区农村中，那些在改革开放风云激荡岁月里勇立涛头的创业者和开拓者们。同时展现了东田村这一个普通的小村庄，在短短数十年间，不断发展不断变化的美丽乡村景象。

图书在版编目（CIP）数据

中国美丽乡村生态影像调查．第1辑 / 沈治国，王新妹编著．-- 北京 : 中国水利水电出版社，2018.1
ISBN 978-7-5170-7000-9

Ⅰ．①中… Ⅱ．①沈… ②王… Ⅲ．①农村－社会主义建设成就－桐乡－摄影集 Ⅳ．①F327.554-64

中国版本图书馆CIP数据核字（2018）第225149号

编　　著：沈治国　王新妹
编　　委：潘敏芳　陈　政　姜伟国　许发根　闻伟东　费金伦　任　重　王新妹
　　　　　张蔚飞　陈庆港　沈治国　张根荣
团队导师：陈庆港　沈治国　王新妹　张蔚飞　李勤璞
团队成员：张诗屿　陈杨凯　金　昊　毛晨扬　利淑丽　高宇皓　苏彦文　石璐佳
　　　　　周　亦　皮　珺　潘佳妮　叶之琛　王　贺　白　羽　崔　龄
特邀编辑：张蔚飞
撰　　文：沈治国　王新妹　张蔚飞　陈杨凯　崔　龄　金　昊　毛晨扬　利淑丽
　　　　　高宇皓
书籍设计：侯明勇　沈治国
封面插图：江　进
内文插图：曹剑梅　毛晨扬　余超群
翻　　译：毛晨扬　张　语

书　　名	**中国美丽乡村生态影像调查　第1辑** ZHONGGUO MEILI XIANGCUN SHENGTAI YINGXIANG DIAOCHA DI 1 JI
作　　者	沈治国　王新妹　编著
出版发行	中国水利水电出版社 （北京市海淀区玉渊潭南路1号D座　100038） 网址：www. waterpub. com. cn E-mail：sales@ waterpub. com. cn 电话：（010）68367658（营销中心）
经　　售	北京科水图书销售中心（零售） 电话：（010）88383994、63202643、68545874 全国各地新华书店和相关出版物销售网点
排　　版	杭州桐婳文化策划有限公司
印　　刷	杭州富春电子印务有限公司
规　　格	184mm×260mm　16开本　16印张　211千字
版　　次	2018年1月第1版　2018年1月第1次印刷
印　　数	0001—4000册
定　　价	**168.00**元